O LIVRO DOS ESPLENDORES

O Querubim de Ezequiel

"O Querubim de quatro cabeças da profecia de Ezequiel, explicados pelo triângulo duplo de Salomão. Abaixo está a roda de Ezequiel, chave de todos os pantáculos, e o pantáculo de Pitágoras. O querubim de Ezequiel é aqui representado conforme descrito pelo profeta. Suas quatro cabeças são as tétrades do Merkabah ; suas seis asas são a sentinela de Bereschith. A figura humana no meio representa a razão; a cabeça da águia é fé; o touro é resignação e a labuta diária; o leão a guerra e conquista. Este símbolo é análogo ao da Esfinge egípcia, mas é mais apropriado para a Cabala dos hebreus."

Éliphas Lévi

ÉLIPHAS LÉVI

O LIVRO DOS ESPLENDORES

O MISTÉRIO HIERÁTICO
ou os DOCUMENTOS TRADICIONAIS DA ALTA INICIAÇÃO

Tradução
Márcio Pugliesi
Norberto de Paula Lima

Editora
Pensamento
SÃO PAULO

Título do original: *Les Origines de la Kabbale*.
Copyright © 1898, 1926 Chamuel, Editeur, Paris, França.
Copyright da edição brasileira © 1977, 2022 - Editora Pensamento-Cultrix Ltda.
1ª edição 1977.
2ª edição 2022.

Todos os direitos reservados. Nenhuma parte deste livro pode ser reproduzida ou usada de qualquer forma ou por qualquer meio, eletrônico ou mecânico, inclusive fotocópias, gravações ou sistema de armazenamento em banco de dados, sem permissão por escrito, exceto nos casos de trechos curtos citados em resenhas críticas ou artigos de revista.

A Editora Pensamento não se responsabiliza por eventuais mudanças ocorridas nos endereços convencionais ou eletrônicos citados neste livro.

Obs.: Publicado anteriormente como: *As Origens da Cabala – O Livro dos Esplendores*.

Editor: Adilson Silva Ramachandra
Gerente editorial: Roseli de S. Ferraz
Preparação de originais: Adriane Gozzo
Gerente de produção editorial: Indiara Faria Kayo
Editoração eletrônica: Ponto Inicial

Dados Internacionais de Catalogação na Publicação (CIP)
(Câmara Brasileira do Livro, SP, Brasil)

Levi, Eliphas, 1810-1875

O livro dos esplendores: mistério hierático, ou, Os documentos tradicionais da alta iniciação/Éliphas Lévi; tradução Márcio Pugliesi, Norberto de Paula Lima. - 2. ed. - São Paulo: Editora Pensamento, 2022.

Título original: Les origines de la kabbale
ISBN 978-85-315-2172-0

1. Cabala 2. Maçonaria 3. Misticismo - Judaísmo 4. Ocultismo I. Título.
II. Título: Os documentos tradicionais da alta iniciação

21-86799 CDD-135.4

Índices para catálogo sistemático:
1. Cabala: Ocultismo 135.4
Cibele Maria Dias - Bibliotecária - CRB-8/9427

Direitos reservados
EDITORA PENSAMENTO-CULTRIX LTDA.
Rua Dr. Mário Vicente, 368 – 04270-000 – São Paulo – SP – (11) 2066-9000.
http://www.editorapensamento.com.br
E-mail: atendimento@editorapensamento.com.br
Foi feito o depósito legal

SUMÁRIO

Advertência 7
Prefácio 9

PRIMEIRA PARTE

O Idra Zuta ou o Grande Sínodo 17
O Colóquio 27

SEGUNDA PARTE

A Glória Cristã 77
A Lenda de Krishna – Extrato do Bhagavad Gita,
Livro Canônico Hindu 93

TERCEIRA PARTE

A Estrela Flamejante 107
Lendas Maçônicas Extraídas de um Ritual
Manuscrito do Século VIII 109
Baphomet 133
Profissão de Fé 138
Os Elementos da Cabala – Elementos da Cabala
em dez lições Cartas de Éliphas Lévi 144
    Primeira lição – Prolegômenos gerais 144
    Segunda lição – A Cabala. Objeto e método 147
    Terceira lição – Uso do método 150
    Quarta lição – A Cabala 152
    Quinta lição – A Cabala II 154

Sexta lição – A Cabala III 156
Sétima lição – A Cabala IV 158
Oitava lição – A Cabala V 160
Nona lição – A Cabala VI 162
Décima lição – A Cabala VII 164

Apêndice 167
Siphra Dzeniûta ou o Livro Oculto 167

ADVERTÊNCIA

A palavra *Kabballah*, *por razões meramente fonéticas, foi transcrita por nós como Cabala, ficando claro, porém, que o significado não pode ser perdido por questão de forma.*

Fornecemos algumas indicações bibliográficas àqueles que melhor desejarem compreender o assunto.

BARTH, Aron. *Valores Permanentes do Judaísmo*. São Paulo: B'nai B'Rith, 1965.

PALLIÈRE, Aimé. *Santuário Desconhecido*. São Paulo: B'nai B'Rith, 2004.

_____. *Mishná*. Rio de Janeiro: Vozes, s.d.

TRISMEGISTOS, Hermes. *Corpus Hermeticum: Discurso de Iniciação à Tábua de Esmeralda*. 5ª ed. São Paulo: Hemus, 2001.

– OS TRADUTORES

PREFÁCIO

O judaísmo é a mais antiga, a mais racional e a mais verdadeira das religiões.

Jesus, que se propunha a reformar o judaísmo, não aconselhou seus discípulos a abandoná-lo. A reforma de Jesus, não tendo sido aceita pelos chefes da Sinagoga, cuja legítima autoridade nunca foi contestada pelo chefe dos cristãos, foi uma espécie de heresia que se espalhou pelo mundo inteiro.

Inicialmente maltratados pelos judeus, os cristãos, quando se tornaram mais fortes, proscreveram e perseguiram os judeus com o mais vergonhoso e baixo encarniçamento. Queimaram-lhes os livros em vez de estudá-los, e a preciosa filosofia dos hebreus está perdida para o mundo cristão.

Os apóstolos, todavia, pressentiram que o sacerdócio dos gentios duraria pouco ou que a nova fé se enfraqueceria com o passar do tempo. Diziam: a salvação nos chegará de Israel, e a grande revolução religiosa que nos aproxima de nossos pais será como um passo da morte para a vida.

Os hebreus possuem uma ciência da qual São Paulo suspeitava da existência, embora não a conhecesse, e a qual São João, iniciado por Jesus, ocultava e revelava no Apocalipse, ao mesmo tempo, com os imensos hieróglifos, tomados, na maior parte, das profecias de Ezequiel. Existe entre eles um livro místico e maravilhoso intitulado *Zohar* ou *Esplendor*. Livro imenso, mais importante que o Talmude, tão somente o desenvolvimento de uma teogonia em algumas páginas, denominado *Siphra Dzeniûta*.

Nesse livro, tal qual nos trouxe Guillaume Postel, do Oriente, apresentamos o magnífico comentário do rabi Shimon bar Yochai e juntamos a ele as principais lendas da tradição maçônica, extraídas, na totalidade, da cabala dos hebreus.

O templo de Salomão era, com efeito, um edifício todo simbólico. Seu plano, sua construção, seus ornamentos, suas bases representavam a síntese de todas as ciências. Era o universo, a filosofia, o céu. Salomão concebera o plano, Hiram o executara com elevada inteligência, os diretores dos trabalhos detinham a ciência dos detalhes, os trabalhadores executavam fielmente os planos dos mestres. Essa hierarquia tão racional e tão precisa é tomada na maçonaria como modelo da sociedade perfeita. A maçonaria é o judaísmo eclético e independente. Os franco-maçons querem reedificar o templo, isto é, reconstruir a sociedade primitiva sobre as bases da hierarquia inteligente e da iniciação progressiva, sem experimentar os entraves dos sacerdotes e reis, por isso chamam a si mesmos de franco-maçons, ou seja, construtores livres.

A publicação desta obra fará com que se compreenda a desconfiança com a qual os sacerdotes católicos veem a maçonaria, que é o judaísmo reformado de acordo com o pensamento de Jesus e de seu apóstolo João, o Evangelista, cuja revelação cabalística se referiu sempre ao Evangelho do cristianismo oculto e das escolas do gnosticismo não profanado. Afiliam-se a essas escolas os joanitas, os templários não idólatras e os autoiniciados da maçonaria oculta. Ali se encontram as chaves do futuro, por serem conservados os segredos da revelação única e universal, a primeira e possivelmente a única entre todas as religiões, cuja divulgação no mundo foi feita pelo judaísmo.

Um só Deus, um só povo, uma única ciência, uma única fé, um só rei. Isso é o que pretende o judaísmo, que espera sempre seu templo e seu Messias.

– Quando virá o Messias? – perguntava o rabi Shimon ao profeta Elias, que descia frequentemente do céu para conversar com o mestre do Zohar.

– Hoje mesmo – respondeu-lhe o profeta. – Vai até a porta de Roma e o verás. – O rabi Shimon foi até a porta de Roma, onde permaneceu o dia todo, voltando sem ver nada além de indigentes cobertos de úlceras e um desconhecido de aparência pobre que os consolava e lhes curava as chagas. Ao chegar em casa, encontrou Elias e lhe disse:

– Mestre, por que burlastes vosso servidor?

– Não te burlei – disse o profeta. – Não viste um homem que exercia a caridade? Pois afirmo que o reino da caridade é o do Messias, e, se queres que o Messias venha todos os dias, pratica todos os dias a caridade.

A caridade, segundo o apóstolo São João, é resumo e objeto final do cristianismo.

A caridade, segundo São Paulo, é tudo o que deve sobreviver às profecias que se tornaram vãs e à ciência superada pelo progresso.

A caridade, nas palavras do mesmo apóstolo, é superior à esperança e à fé.

Os cristãos que malediziam os judeus chamando-os assassinos de Deus e os judeus que desprezavam os cristãos chamando-os idólatras faltavam, tanto uns quanto outros, à religião que lhes recomendava a caridade.

A caridade é o sentimento profundo e eficaz da humanidade solidária.

O judaísmo deve estender à maçonaria uma mão fraterna, pois a profissão de fé dos maçons não ateus é o símbolo de Maimônides, e os cristãos encontrarão nos ritos de seus altos graus toda a revelação alegórica de Jesus Cristo.

Na maçonaria, a aliança, a fusão do judaísmo cabalístico e do cristianismo neoplatônico de São João, é um fato verificado. Já existe no mundo uma aliança israelita universal que recebe em seu seio toda gente honrada de todas as religiões e da qual o honorável M. Crémieux é atualmente presidente. O grande rabi Isidoro é partidário do progresso, da reforma e do livre-pensamento. Os judeus iluminados prestam homenagem à moral dos evangelhos, e os cristãos instruídos reconhecem a sabedoria e o profundo ensinamento do Talmude; a ciência e o livre-pensamento aproximam aqueles a quem o fanatismo divide. O estudo da cabala fundiria, num só e mesmo povo, israelitas e cristãos.

Em vão a ignorância e o fanatismo quererão perpetuar a guerra; a paz já foi iniciada em nome da filosofia e amanhã será ratificada pela religião, liberada pelo predomínio final sobre as paixões humanas.

Esse grande acontecimento precisa ser preparado, dando a conhecer aos homens de ciência as magnificências ocultas da sabedoria judaica. Por essa razão, publicamos a tradução e a explicação da teogonia contida no *Siphra Dzeniûta*. E se saberá que mestres foram esses rabinos da grande escola cabalística. Nada mais estranho e mais belo que o grande Sínodo, cujas deliberações estão consignadas no livro do *Idra Zuta*.

Não há nada oculto que não deva ser manifestado, disse Jesus, e o que foi murmurado deve ser gritado sobre os telhados.

E acrescenta: a luz não foi feita para ser colocada sob um alqueire; deve ser colocada no candeeiro, para que ilumine todos os que estejam na casa.

A casa da humanidade é o mundo, o candeeiro é a ciência, e a luz é a razão vivificada e imortalizada pela fé.

PRIMEIRA PARTE

O IDRA ZUTA OU
O GRANDE SÍNODO

Comentário do Siphra Dzeniûta
por Shimon bar Yochai

I

Jerusalém acabava de ser destruída pelos romanos. Era proibido aos judeus, sob pena de morte, voltar a chorar sobre as ruínas de sua pátria. A nação inteira estava dispersa, e as tradições santas, perdidas. A verdadeira Cabala dera lugar a sutilezas pueris e supersticiosas. Os que ainda pretendiam conservar a herança da doutrina oculta eram apenas os adivinhos e os feiticeiros proscritos pelas leis das nações. Foi então que um rabino venerável, chamado Shimon bar Yochai, reuniu em torno de si os últimos iniciados na ciência primitiva e resolveu explicar-lhes o livro da alta teogonia, denominado O *Livro do Mistério Oculto*. Todos eles conheciam seu texto de cor, mas apenas o rabino Shimon bar Yochai conhecia o sentido profundo desse livro, que, até então, fora transmitido de boca em boca e de memória em memória, sem jamais ter sido explicado nem sequer ter sido escrito.

Para os reunir em torno de si, eis as palavras que ele lhes enviou:

Por que, nestes dias de grandes tormentos, permaneceremos nós como uma casa apoiada sobre uma única coluna, ou como um homem que se mantém sobre um único pé? É tempo de agir pelo Senhor, pois os homens perderam o verdadeiro sentido da lei.

Nossos dias se abreviam, o mestre nos chama; a vindima está abandonada, e os vindimadores, extraviados, nem mesmo sabem mais onde está a vinha.

Reuni-vos neste campo que foi uma eira e hoje está abandonado. Vinde como que para um combate, armados de conselho, de sabedoria, de inteligência, de ciência e de atenção; que vossos pés sejam livres como as vossas mãos.

Reconhecei como único mestre Aquele que dispõe da vida e da morte, e proferiremos juntos as palavras de verdade que os santos do céu gostam de ouvir, e eles virão em torno de nós para nos escutar.

No dia estabelecido, os rabinos reuniram-se no meio dos campos, num espaço circular rodeado de uma muralha.

Chegaram em silêncio. Rabi Shimon sentou-se no meio deles e, vendo-os todos reunidos, chorou.

– Desgraçado de mim – gritou ele –, se revelo os grandes mistérios! Desgraçado de mim, se os deixo no esquecimento!

Os rabinos permaneceram silenciosos.

Um deles, enfim, chamado rabi Abba, tomou a palavra e disse:

– Com a permissão do mestre. Não está escrito: Os segredos do Senhor pertencem àqueles que o temem? E todos nós que aqui estamos não temermos o Senhor e já não somos iniciados nos assuntos secretos do Templo?

Ora, eis os nomes dos que estavam presentes: rabi Eleazar, filho de rabi Shimon, rabi Abba, rabi Jehuda, rabi José, filho de Jacó, rabi Isaac, rabi Thiskia, filho de Raf, rabi José e rabi Jesa.

Todos, para entrarem no segredo, puseram a mão na de rabi Shimon e ergueram, com ele, o dedo para o céu.

Depois, vieram sentar-se na eira, onde ficavam ocultos e protegidos por grandes árvores.

Rabi Shimon bar Yochai levantou-se e fez uma oração; após o que se sentou novamente e disse-lhes:

– Vinde e colocai, todos vós, a vossa mão direita sobre meu peito".

Eles o fizeram, e ele, tomando todas essas mãos nas suas, disse com solenidade:

– Maldito aquele que faz um ídolo para si e o esconde! Desgraça àquele que cobre a mentira com os véus do mistério!

Os oito rabinos responderam:

– Amém.

Rabi Shimon tornou a falar:

– Só há um verdadeiro Deus, diante do qual os deuses não existem, e só há também um verdadeiro povo, é o que adora o verdadeiro Deus.

Depois, ele chamou seu filho Eleazar e fê-lo sentar-se à sua frente. Do outro lado, colocou rabi Abba e disse:

– Nós formamos o triângulo, que é o tipo primordial de tudo quanto existe; figuramos a porta do templo e suas duas colunas.

Rabi Shimon não falava mais, e seus discípulos se calavam.

Ouviu-se então uma voz confusa, como a de uma grande assembleia.

Eram os espíritos do céu, que haviam descido para ouvir.

Os discípulos estremeceram; mas rabi Shimon lhes disse:

– Nada temais e rejubilai-vos. Está escrito: Senhor, eu ouvi o rumor da tua presença e tremi.

"Deus reinou sobre os homens de outrora pelo temor, mas presentemente ele nos governa pelo amor.

"Não disse ele: Amarás teu Deus? E não disse ele próprio: Eu vos amei?".

Ele depois acrescentou:

– A doutrina secreta é para as almas recolhidas; as almas agitadas e sem equilíbrio não podem compreendê-la. Pode-se fixar um prego numa parede móvel, prestes a esboroar-se ao menor choque?

"O mundo inteiro está alicerçado no mistério, e se deve haver discrição quando se trata dos negócios terrestres, quanto mais não devemos ser reservados quando se trata desses dogmas misteriosos que Deus não revela nem mesmo aos mais elevados de seus anjos?

"O céu se debruça para nos ouvir, mas eu não lhe falarei sem véus. A terra emudece para nos ouvir, mas eu nada lhe direi sem símbolos.

"Somos, neste momento, a porta e as colunas do universo".

Enfim, rabi Shimon falou, e uma tradição conservada no arcano dos arcanos assegura-nos que, quando ele abriu a boca, a terra tremeu sob seus pés, e seus discípulos sentiram o abalo.

II

Ele falou inicialmente dos reis que reinaram sobre Edom antes da vinda do rei de Israel, imagens de poderes mal equilibrados que se manifestaram no início, no universo, antes do triunfo da harmonia.

– Deus – disse ele –, quando quis criar, lançou um véu sobre sua glória e nas dobras desse véu projetou sua sombra.

Dessa sombra destacaram-se os gigantes, que disseram: – Nós somos reis, e que não passavam de fantasmas.

Eles apareceram porque Deus se ocultara fazendo a noite no caos e desapareceram quando se ergueu no oriente a cabeça luminosa, a cabeça que a humanidade se outorga em proclamando Deus, o sol regulador de nossas aspirações e de nossos pensamentos.

Os deuses são miragens da sombra, e Deus é a síntese dos esplendores. Os usurpadores caem quando o rei ascende ao seu trono, e, quando Deus aparece, os deuses se vão.

III

Então, após ter ele permitido à noite existir, a fim de deixar aparecerem as estrelas, Deus se voltou para a sombra que fizera e a olhou, para lhe dar uma figura.

Imprimiu uma imagem sobre o véu com que tinha coberto sua glória, e essa imagem lhe sorriu, e ele quis que essa imagem fosse a sua, a fim de criar o homem à semelhança dessa imagem.

Ele experimentou, de algum modo, a prisão que queria dar aos espíritos criados. Olhou essa figura que deveria ser um dia a do homem, e seu coração se enternecia, pois já lhe parecia estar ouvindo os lamentos da sua criatura.

Tu, que queres submeter-me à lei – dizia ela –, prova-me que essa lei é a justiça e submete-te a ela tu mesmo.

E Deus se fazia homem para ser amado e compreendido pelos homens.

Ora, só conhecemos dele essa imagem impressa no véu que nos esconde o esplendor. Essa imagem é a nossa, e ele quer que para nós ela seja a dele.

Assim, nós o conhecemos sem o conhecer; ele nos mostra uma forma e não a tem. Nós no-lo representamos como um ancião, ele que, de modo algum, tem idade.

Ele está sentado num trono do qual se escapam eternamente milhões de centelhas, e ele lhes diz do devir dos mundos.

Sua cabeleira resplende e agita estrelas.

Os universos gravitam em redor de sua cabeça, e os sóis vêm banhar-se em sua luz.

IV

A imagem divina é dupla. Há a cabeça de luz e a cabeça de sombra, o ideal branco e o ideal negro, a cabeça superior e a cabeça inferior. Uma é o sonho do Homem-Deus, a outra é a suposição do Deus-Homem. Uma representa o Deus do sábio, e a outra, o ídolo do vulgo.

Toda luz, na verdade, supõe uma sombra, e só se torna claridade pela oposição dessa sombra.

A cabeça luminosa verte sobre a cabeça negra um orvalho de esplendor. "Abre-me, minha bem-amada – diz Deus à inteligência –, porque minha cabeça está cheia de orvalho, e sobre os anéis dos meus cabelos rolam as lágrimas da noite."

Esse orvalho é o maná de que se nutrem as almas dos justos. Os eleitos têm fome dele e o recolhem a mancheias nos campos do céu.

As gotas são pérolas redondas, brilhantes como o diamante e límpidas como o cristal.

Elas são alvas e esplendem em todas as cores, pois a simples e única verdade é o esplendor de todas as coisas.

V

A imagem divina tem treze raios: quatro de cada lado do triângulo em que a encerramos e um na ponta superior do triângulo.

Desenhai-a no céu com vosso pensamento, traçai suas linhas indo de estrela em estrela, ela encerrará trezentas e sessenta miríades de mundos.

Pois o ancião superior chamado o Macroprosopo ou a grande hipótese criadora chama-se também Arich-Anphin, ou seja, o rosto imenso, o Outro, o deus humano, a figura de sombra; o Microprosopo, ou seja, a hipótese restrita, chama-se Seir-Anphin, ou o rosto encolhido.

Quando esse rosto olha a face de luz, aumenta e se torna harmonioso. Tudo entra na ordem; isso, porém, não pode durar sempre, pois os pensamentos do homem são variados como ele.

Mas sempre um fio de luz liga a sombra à claridade. Esse fio atravessa as concepções inumeráveis do pensamento humano e as liga todas ao esplendor divino.

A cabeça de luz derrama sua alvura sobre todas as cabeças pensantes, quando são submissas à lei e à razão.

VI

A cabeça do ancião supremo é um receptáculo fechado, em que a sabedoria infinita repousa como um vinho delicioso que jamais agita sua borra.

Essa sabedoria é impenetrável, possui-se em silêncio e frui de sua eternidade inacessível às vicissitudes do tempo.

Ele é a luz, mas é a cabeça negra que é a lâmpada. O óleo da inteligência lhe é medido, e sua claridade se revela por 32 caminhos.

O Deus revelado é o Deus velado. Essa sombra humana de Deus é como o misterioso Éden, de onde saía uma fonte que se dividia em quatro rios.

Nada jorra do próprio Deus. Sua substância não se derrama em absoluto. Dele nada sai e nada entra nele, pois ele é impenetrável e imutável. Tudo o que começa, tudo o que aparece, tudo o que se partilha, tudo o que se escoa e passa, começa, aparece, partilha-se, escoa e passa em sua sombra. Ele, por si, é imutável em sua luz e permanece calmo como um vinho velho que jamais se agita e que repousa sobre sua borra.

VII

Não tenteis penetrar os pensamentos da cabeça misteriosa. Seus pensamentos íntimos são ocultos, porém seus pensamentos exteriores e criadores irradiam como uma cabeleira.

Cabeleira branca e sem sombra, cujos cabelos não se misturam, em absoluto, uns com os outros.

Cada cabelo é um fio de luz que se liga a milhões de mundos. Os cabelos são divididos sobre sua fronte e descem dos dois lados; mas cada lado é o lado direito. Pois na imagem divina constituída da cabeça branca não há, de modo algum, lado esquerdo.

O lado esquerdo da cabeça branca é a cabeça negra, pois, no simbolismo tradicional, o baixo equivale à esquerda, e a esquerda é como o baixo.

Ora, entre o alto e o baixo da imagem de Deus não deve haver mais antagonismo que entre a mão esquerda e a mão direita do homem, uma vez que a harmonia resulta da analogia dos contrários.

Israel no deserto se desencoraja e diz: Deus está conosco ou não está?

Ora, eles falavam d'Aquele que se conhece e não se conhece.

Separavam, assim, a cabeça branca da cabeça negra.

O deus de sombra tornava-se, assim, um fantasma exterminador.

Eles eram punidos porque haviam duvidado por falta de confiança e de amor.

Não se compreende Deus, mas ama-se; e é o amor que produz a fé.

Deus se oculta ao espírito do homem, mas se revela ao seu coração.

Quando o homem diz: Não creio em Deus, é como se dissesse: Não o amo.

E a voz de sombra lhe responde: Morrerás, porque teu coração abjura a vida.

O Microprosopo é a grande noite da fé, e é nela que vivem e suspiram todos os justos. Eles estendem as mãos e se agarram aos cabelos do pai, e desses cabelos luzentes tombam gotas de luz e vêm iluminar sua noite.

Entre os dois lados da cabeleira suprema está a senda da alta iniciação, a senda do meio, a senda da harmonia dos contrários.

Aí, tudo se compreende e se concilia. Aí, só o bem triunfa, e o mal não existe mais.

Essa senda é a do supremo equilíbrio e se denomina o juízo final de Deus.

Os cabelos da cabeça branca se derramam igualmente numa perfeita ordem dos dois lados, porém não cobrem as orelhas.

Pois as orelhas do Senhor estão sempre abertas para ouvir a prece.

E nada poderia impedi-las de ouvir o grito do órfão e o lamento do oprimido.

O COLÓQUIO

<u>I</u>

"Na fronte da cabeça suprema reside a majestade das majestades, a bondade de todas as bondades; o verdadeiro prazer dos verdadeiros prazeres.

"Este é o amor, cuja força é criada e compartilhada por todos os que amam. A esse amor deve corresponder a vontade da humanidade, figurada pela fronte da Microprosopopeia.

"A fronte do homem coletivo se denomina Razão. Frequentemente, ela está velada por sombras; porém, quando se desvela, Deus acolhe as orações de Israel. Mas quando ela se desvela?"

O rabi Shimon detém-se por um instante, para renovar a pergunta:

"Sim, quando?".

E voltando para o rabi Eleazar, seu filho, repete:

"Quando é que ela se descobre?".

"Ao enunciar-se a oração, que se faz em comum no dia do Senhor" - respondeu o rabi Eleazar.

"Como?" - perguntou o mestre.

"Os homens, quando rezam, prosternam-se perante um Deus que imaginam irritado; a fronte da cabeça sombria carrega-se de nuvens e tem-se a impressão de que um raio está prestes a ser desferido.

"Mas as sombras se entreabrem diante de um raio desferido pela face suprema: a serenidade eterna imprime seu olhar na sombra e até a fronte da face negra se ilumina.

"Quando os justos oram, dirigem-se à bondade divina, e o sentimento de bondade dissipa neles as sombras do temor. A serenidade da face humana é a luz radiosa da face divina.

"Quando a cólera se extingue do coração do homem, ele sonha com o perdão de Deus; porém, é apenas o homem que perdoa, pois Deus jamais se irrita.

"Adão foi expulso do paraíso terrestre pela ira e malignidade da cabeça sombria; todavia, o rosto luminoso lhe sorria sempre no paraíso celeste.

"O Éden dividido pelos quatro rios é um mistério da cabeça sombria. Os símbolos obscuros saem do pensamento obscuro; o deus dogmático é o pai das alegorias misteriosas.

"O Éden superior não tem divisões nem exclusões; não existem maçãs envenenadas no jardim do Deus Supremo.

"Porém o Pai é o único que conhece seu Éden; é o único que compreende seu amor, sempre inflexível, por não ser nem débil nem colérico."

II

"Continuemos a desenhar mentalmente a cabeça hieroglífica que nos simboliza o Pai. Que olhos lhe daremos?

"Olhos distintos dos mortais: sem supercílios e pálpebras.

"Pois Deus nunca dorme; seus olhos nunca se fecham.

"Não está escrito: 'Jamais sonha, nunca dorme aquele que é o guardião de Israel?'".

"Também está escrito: 'O olhar do Senhor percorre sem cessar o Universo inteiro' – e, consequentemente, foi dito: 'O olhar do Senhor se detém sobre aqueles que o temem; o olho de Adonai está fixado sobre Israel'.

"Existe aí alguma contradição? Não, em verdade, pois o Senhor que contempla o Universo inteiro é o Deus de luz, e aquele que prefere e olha um único povo é o Deus da sombra.

"A preferência dada a Israel seria uma injustiça e, consequentemente, uma vergonha se Deus não assistisse, ao mesmo tempo, ao Universo inteiro. O olho do privilégio veria incorretamente se não fosse sustentado e retificado pelo olho da justiça. Por isso damos dois olhos à cabeça suprema; no entanto, esses dois olhos são os dois focos de uma elipse, e essa elipse constitui um único olho.

"Esse único olho tem três raios e três auréolas.

"Essas auréolas são coroas que constituem o triplo reinado das coisas visíveis a Deus.

"São dois olhos; porém, quando se quer distingui-los, sintetizam-se num único.

"O direito é o único composto de luz e sombra, pois as duas faces não são mais que uma, como os dois olhos constituem apenas um.

"O olho esquerdo é o da Microprosopopeia e possui sobrancelhas que se franzem e pálpebras que se fecham.

"Ele dorme frequentemente, pois está feito à semelhança do homem, e é a ele que se faz referência quando se diz: 'Senhor, desperta e dirige-nos teu olhar'.

"Desgraçado do homem que vê o olho de Deus vermelho e inflamado pela cólera!

"O que acredita num Deus que se irrita, onde buscará seu perdão?

"O Ancião dos dias é todo bondade, e o raio de seu olhar é a luz mais branca e pura.

"Ditosa é a parte dos Homens, justa e sábia, que o vê inteiramente com essa pureza e essa brancura! Está escrito: 'Vinde, família de Jacó, e marchai com a luz de Adonai'.

"O nome do Supremo Mestre, não obstante, permanece rodeado pelo mistério.

"Em nenhum lugar da lei isso é explicado, exceto naquela passagem em que Deus disse a Abraão: 'Juro por Mim mesmo que, por ti, Israel será bendito'.

"Quem pode se empenhar com um juramento senão o Deus humano? E o que é Israel na ordem divina mais que a fé divina de Israel?

"E se Deus disse pela boca do profeta: 'Israel, tu serás minha glória', não é o Deus da sombra que quer se glorificar no esplendor do Deus da luz de Israel?

"Para atribuir-lhe algum nome, chamá-lo-emos Ancião dos dias. Com efeito, diz a profecia de Daniel: 'Vi desmoronarem-se os tronos, e vi o Ancião dos dias sentado'.

"Levanta-te, rabi Jehuda, e desse teu lugar dize-nos quais são os tronos que caem.

"Está escrito: – disse o rabi Jehuda – 'Seu trono é o foco do fogo que dá a vida. Deus se senta nesse trono e o fogo vivifica, em lugar de devorar e destruir'.

"Se Deus deixa o trono, o foco se extingue por medo de consumir os mundos. Onde se assenta Deus, ali se encontra o equilíbrio.

"Quando sua potência se acumula em um centro, cria-se um universo, e todos os demais se deslocam para gravitar em torno deste, pois Deus se move para repousar e repousa para se mover.

E o rabi Shimon disse ao rabi Jehuda: "Que Deus te guie pelos caminhos eternos e permaneça em teus pensamentos".

III

"Vinde e vede. Está escrito: 'Sou Eu mesmo em todos os seres. Sou desde o princípio e no término das coisas ainda assim estou por inteiro'.

"Tudo é ele, pois tudo o revela. Ele se oculta enquanto existe. Seu sopro anima tudo o que respira, e, por isso, entre os mistérios de seu rosto alegórico, explicaremos agora o do nariz. Do nariz depende especialmente o caráter de uma fisionomia.

"Mas a cabeça de luz e a cabeça de sombra têm caracteres diferentes.

"O nariz da cabeça Suprema sopra a vida para a cabeça inferior.

"De uma dessas narinas procede a vida pessoal e da outra a vida coletiva.

"Porém o espírito único, resultado desse duplo sopro, é o apaziguamento e o perdão.

"É esse sopro que, nos tempos do Messias, deve apaziguar as tempestades e acalmar as cóleras.

"O espírito de sabedoria e de inteligência.

"O espírito de prudência e de força.

"O espírito de ciência e de temor do Senhor.

"São espíritos diferentes? Dissemos que o sopro do Pai é único. Levanta-te, rabi José."

O rabi José levantou-se e de seu lugar disse: "Nos dias do Messias a sabedoria não se ocultará, porque as inteligências desabrocharão".

"O sopro do Pai, o espírito de Deus, virá com os seis espíritos que formam um único, como os seis degraus do trono de Salomão serviam de base a um único trono.

"Assim se explicam os sete espíritos frente ao trono, de que falam os antigos profetas. São os sete matizes da luz, as sete notas musicais, as sete aspirações que formam o sopro único do espírito."

Disse o rabi Shimon: "Possam os seres descansar em paz no mundo vindouro".

"Enquanto isso, vinde e observai: Quando o profeta Ezequiel invoca o espírito para vivificar os mortos, chama os quatro sopros que compõem o espírito vital.

"Quais são esses sopros inspiradores? O de Deus para o homem, o do homem para Deus e o que resulta dessa mistura e, finalmente, o grande sopro imenso e eterno de Deus, que gira em torno do mundo e volta à boca do Pai. Esses quatro sopros sintetizam-se num só, que é o espírito vital.

"Também o profeta, volvendo-se para os quatro pontos cardeais, chamava um só espírito.

"Não se disse que nos tempos do reinado do Messias, quando o espírito da inteligência e da ciência se estenderá por toda a carne, toda alma humana, sem necessidade de ensinamento e investigação, conhecerá a verdade?

"Porque, então, as almas, quando os véus da mentira se houverem dissipado para sempre, não estando separadas pela variedade dos erros, confraternizarão entre si e serão transparentes como um cristal.

"Cada um irradiará para todos e receberá as irradiações de todos através de uma espécie de aspiração e de respiração universal.

"Assim todo espírito vivente se comporá de quatro sopros.

"Então ocorrerá uma ressurreição universal da vida intelectual.

"Os quatro espíritos sintetizados no triângulo circunscrito pelo quadrado explicam, no simbolismo dos números, o mistério dos sete espíritos.

"O nariz da cabeça Suprema expira criações sempre novas. Aquele da cabeça sombria exala a destruição e o incêndio.

"A cabeça negra aspira a vida e expira a morte. A cabeça branca absorve a morte e exala a vida.

"Quem pode conceber essas estranhas e monstruosas cabeças? Quem as viu alguma vez e quem conseguirá compreendê-las? Os reis dos reis, isto é, os mestres da ciência e da sabedoria, são os únicos que podem compreender onde e por que estão traçadas, e quanto é verdadeiro o axioma que afirma que existem e não existem."

Os mistérios da barba branca

O rabi Shimon detivera-se por um momento; tomou de novo a palavra e disse: "Desgraçado o que estende uma mão profana para a majestática barba do Pai dos pais. Essa barba é uma glória que sobrepassa todas as outras glórias; é um mistério que envolve todos os mistérios. Ninguém a viu e ninguém pode tocá-la.

"A barba é o ornamento dos ornamentos, a majestade das majestades.

"A barba põe em comunicação as orelhas com a boca e irradia-se rumo aos lábios como a palavra que dá vida e luz às almas.

"Por isso a consideramos a figura simbólica do Verbo.

"Ela oculta todos os mistérios e ensina todas as verdades.

"É branca como a neve e projeta uma sombra mais tenebrosa que a noite.

"Divide-se em treze partes, pelas quais se espargem os perfumes mais preciosos: duas partes que descem do nariz até os cantos da boca, separadas por um espaço sem pelo; duas que unem a barba ao nascimento das orelhas e a própria barba dividida em três mechas, que, por sua vez, se dividem em outras três.

"Essa barba é perfeita, por isso a tomamos como o Verbo, que é perfeito.

"Ela é toda bondade, todo equilíbrio e toda justiça.

"Acima resplandecem as maçãs do rosto, como duas maçãs vermelhas, que refletem a luz vital sobre a sombra da Microprosopopeia.

"O branco e o vermelho, pela derivação de sua natureza, constituem a cor da rosa misteriosa, a brancura do leite e o vermelho do sangue, a brancura da luz e o vermelho do fogo.

"Tudo o que é branco e vermelho na natureza deriva da rosa suprema.

"As treze partes da barba branca representam a síntese de todas as verdades, e o homem que compreende essa barba alegórica é repleto da verdade.

"Não costumamos dizer do homem judicioso e forte que, antes de se lançar a uma empresa, baixa os olhos e reflete: É um homem que considera sua barba?

"E os que estendem sua mão e juram pela barba de um ancião fazem-no pela verdade representada nas treze formas da barba suprema: quatro (as quatro letras do nome sagrado, os quatro elementos, os quatro cantos do quadrado, os quatro pontos cardeais celestes) e nove, isto é, três vezes três: o ativo e o passivo e seu equilíbrio, engendrando a si mesmo".

Mistério da Barba Negra

"Existe ordem e disposição sistemática na barba da Microprosopopeia? Levanta-te, rabi Isaac, e daí onde estás explica-nos as formas da barba negra."

O rabi Isaac levantou-se e falou assim: "Escutai as treze palavras do profeta Miqueias:

I

"Quem se assemelha a ti, Senhor?

II

"Afugentas a injustiça.

III

"Passas rapidamente sobre o pecado.

IV

"Porque desejas salvar, no final, teu povo.

V

"Não conservarás eternamente a cólera.

VI

"Porque o que queres é o perdão.

VII

"A misericórdia nos assistirá novamente.

VIII

"Vencerás nossas iniquidades.

IX

"Enterrarás no fundo do mar até a última lembrança de nossas faltas.

X

"Darás a verdade como herança à família de Jacó.

XI

"E misericórdia eterna à família de Abraão.

XII

"Cremos no juramento que formulaste a nossos pais.

XIII

"Cremos nas promessas dos primeiros dias."

"Estas são – continuou o rabi Isaac – treze gotas do precioso bálsamo caídas das treze partes da barba suprema e que criam a ordem no caos da barba inferior. A barba negra tem cabelos crespos e eriçados, entremeados.

"Porém as treze gotas do bálsamo misericordioso os obrigam a conformar-se com as disposições harmoniosas da barba superior.

"Porque a barba branca projeta seus fios longos, sedosos e flexíveis até tocar a barba negra e crespa. E esses eflúvios amorosos suavizam a rudeza do sombrio tosão.

"Cabelos espessos e crespos são, frequentemente, símbolo de servidão intelectual.

"E, se se considera o cabelo a irradiação do cérebro, um pensamento tranquilo e lúcido deve ser representado por uma cabeleira fina, suave e flexível.

"Porém, a boca é análoga ao cabelo, de que tanto se diferencia. A cabeleira se localiza atrás das orelhas, e perto destas começa a barba, que se irradia ao redor da boca.

"A barba negra é a sombra da barba branca, tal como a lei é a sombra da liberdade, e a ameaça, a sombra do perdão e do amor.

"Bem, dissemos que a sombra e a luz são necessárias à manifestação do dia e que toda claridade se revela por uma mistura de luz e de sombra.

"Também podemos dizer que na revelação divina a sombra absoluta não existe e tudo é luz. A luz que brilha é a luz branca, e a que se oculta na sombra é a luz negra.

"A lei está escrita em página branca por carvões negros colhidos do altar, com tenazes, pelos Serafins.

"A grande folha de luz é a escrita com caracteres de fogo. Por isso representamos o pensamento divino, o espírito das Escrituras, por uma barba branca e suave, em contraste com a barba crespa e dura.

"Uma representa o espírito; a outra, a letra da lei.

"O mesmo acontece com as cabeleiras: a do Deus da luz é branca como a neve, e os cabelos são unidos e soltos.

"A do Deus de sombra é negra como a asa do corvo, e os cachos são retorcidos e emaranhados.

"Porém a barba branca embalsama a barba negra com seus perfumes, e a cabeleira de luz irradia seus esplendores através da cabeleira de sombra, de modo que as duas barbas e as duas cabeleiras apresentam tão somente uma mesma cabeça, que é a figura simbólica e alegórica de Deus."

Detalhes Relativos à Grande Barba Branca

Primeira Parte

"A primeira parte da barba misteriosa é a que começa nas proximidades da orelha direita e desce até o extremo da boca.

"A barba tem origem no calor viril do sangue; pode-se dizer, portanto, que é filha do coração do homem; porém, alongando-se até a cabeleira, que é irradiada pelo cérebro, pode-se dizer que é filha do pensamento.

"Os fios são macios como cabelos, não têm quase comprimento. É o Verbo na geração divina.

"Há trinta e um pequenos cachos arranjados em perfeita ordem, e cada cacho é composto de trezentos e noventa fios.

"Esses números representam os mundos intelectuais que o pensamento de Deus quer produzir pelo Verbo. Cada mundo deve engendrar outros, multiplicados pela dezena misteriosa e pelo ternário sagrado. Da dezena à centena, da centena ao milhar, os mundos se multiplicam em razão das ideias criadoras e na proporção exata dos germens já formados.

"Cada pelo da barba nascente termina em um ponto luminoso, e cada ponto luminoso é a origem de um sol.

"Para receber o sol, abre-se uma noite que a nova estrela deve fecundar, noite prenhe de fantasmas e de horror que o sol nascente ilumina e dissipa com um sorriso.

"E somente se pode perceber a barba suprema pelo resplendor que produz na barba de sombra.

"Não se diz no livro dos Salmos: 'O perfume da cabeça suprema chega até a barba do Pai e, daqui, até a barba de Aarão?'

"Quem é Aarão? O grande sacerdote. E o que é o grão-sacerdote senão a figura da sombra e a personificação humana do Deus negro?

"O salmo que acabamos de citar começa por dizer que a perfeição do bem e o triunfo da felicidade permanecem pela união fraterna.

"Quem são os irmãos senão os dois velhos?

"Deus necessita do pontífice para nós, porém o hierofante chegará a ser a noite da morte se se separar de Deus.

"Deus dá a luz ao sacerdote, e o sacerdote dá a Deus sua sombra.

"O sacerdote é o irmão de Deus, assim como a sombra é irmã da luz.

"O que o sacerdote vê sobre a terra no exercício do grande sacerdócio Deus o faz também no céu; com a diferença da direita e da esquerda, do dia e da noite, da cólera que condena e da mansidão que reconcilia e une.

"É assim que a harmonia religiosa é resultado da analogia dos contrários."

"Então – disse o rabi Shimon ao rabi Isaac –, possa a harmonia suprema irradiar sobre ti; posto que a barba luminosa é o signo de tua força eterna. Possamos ver conjuntamente o rosto do Ancião dos dias e gozar a paz e a alegria das almas iluminadas pelo mundo do porvir!"

Segunda Parte

"Levanta-te, rabi Chiskija, e de teu lugar fala-nos das glórias de uma parte da barba santa."

O rabi Chiskija levantou-se e falou:

"Está escrito: 'Pertenço a meu bem-amado, e sua condescendência me penetra'. Para os homens, para cada um de nós, o pensamento supremo se origina no Verbo, criador de todos os pensamentos e de todas as formas.

"Vejo um rio de luz que desce da compreensão divina e se transforma em trezentas e trinta e cinco vozes harmoniosas.

"Nessa luz se banha a noite, purificando-se das sombras.

"Vejo formas tenebrosas submergindo-se nas ondas cristalinas para emergirem brancas como as próprias ondas.

"Supliquei às inteligências superiores, e estas me explicaram o que eu via.

"Responderam-me: 'Vês de que modo Deus elimina a injustiça'.

"Pois entre seu ouvido e sua boca, entre seu entendimento e o Verbo, não existe lugar para a mentira.

"Na luz viva, na luz ilimitada, a sombra não poderia existir, pois é necessário que exista brancura e que esta se transforme em luz.

"É dessa forma que Deus transformará em bem o mal que fazem os homens. Isto é o que me inspira a segunda parte da barba santa, análoga e paralela à primeira".

O rabi Chiskija, tendo assim falado, tornou a se sentar.

Então disse o rabi Shimon: "O mundo não é um enigma nem um inferno. Sê bendito pelo Velho supremo, ó rabi Chiskija, porque consolaste nosso coração.

"Todos os raios convergem para seu centro; vejo o harmonioso conjunto da obra do Criador. Das alturas onde nos encontramos, podemos vislumbrar a terra santificada pelo próximo florescimento de seus destinos.

"Vemos o que não viu o próprio Moisés, quando subiu pela segunda vez ao monte Sinai.

"O sol de justiça, no qual cremos, o sol que virá, é o sol que ilumina nossas faces.

"Sinto a minha resplandecer de fé e de esperança, e, mais feliz que Moisés, sei por que meu rosto irradia luz. Moisés nem sabia que sua face se havia tornado luminosa pela contemplação de Deus.

"Vejo ante meus olhos aquela barba alegórica, como se tivesse sido esculpida por um hábil artista em treze partes que representam a união da verdade.

"À medida que as explicais, vejo todas as suas partes disporem-se em bela ordem e reunirem-se àquela cabeça ideal que damos por suporte à misteriosa coroa.

"O rei se me aparece, então, como de um ponto médio de seus inumeráveis anos. Os efeitos unem-se às suas causas, ligados entre si, impulsionados pelos princípios, e o princípio dos princípios reina com soberano domínio em seu centro, que está em todas as partes.

"Regozijai-vos, meus companheiros, com essa revelação santa, porque o mundo não compreenderá o que compreendemos, nem verá o que vemos, ao contemplar o reino do Messias!".

As Outras Partes

Assim realizaram os grandes rabinos, sucessivamente, a análise da barba santa. Aqui, a explicação deve deixar lugar para o texto, cuja afetada obscuridade oculta sutilezas e lacunas.

A cabeleira, que se irradia do crânio, é tida por esses grandes hierofantes como imagem dos pensamentos divinos, e a barba que se irradia em torno da boca, como símbolo das palavras santas. A cabeleira é o Verbo de Deus, em sua autoconsciência; a barba é a Palavra de Deus manifestada: nas suas obras ou nas escrituras inspiradas. Essa barba se divide em treze partes, porque a teologia secreta dos cabalistas se liga inextricavelmente às nove cifras que compõem todos os números e às quatro que formam o nome de Jehovah.

A ciência dos números, tomada como a álgebra das ideias, é o *Bereshit*; a ciência das letras do nome sagrado é a *Merkabah*. *Beras chith*, ou *Bereshit*, quer dizer gênese, geração ou genealogia. *Merkabah* quer dizer "veículo, ou carruagem de Deus", como se as quatro letras simbólicas fossem as rodas da carruagem de Deus, contempladas por Ezequiel em sua visão. Eram rodas de luz que giravam concentricamente; eram esferas celestes, círculos entrecruzados, cujos centros estão em toda parte, bem como as circunferências e seu centro comum, enquanto a circunferência definitiva não está em parte alguma.

Porém, na realidade, o nome de Jehovah não tem mais que três letras, porque a quarta é uma repetição da segunda: Yod-He-Vau-He.

Assim, as treze divisões da barba suprema equivalem ao ciclo de doze mais o centro, que será preciso dar a esses números para dispô-los em círculo no relógio dos tempos.

Essas sutilezas teológicas, relacionadas com abstrações numéricas, eram, por assim dizer, a escolástica dos antigos rabinos, pais da filosofia cabalística. Tais deduções, bastante exatas e frequentemente sublimes, e outras, por vezes pueris, eram o resultado desse método. "Deus, disse Salomão, criou tudo com número, peso e medida." Foi inculcada na mente de certos calculistas ingênuos que a Álgebra era o jogo sagrado de Prometeu e que se podia criar o homem com o pronunciar exclusivo de algumas palavras. Isso é verdade, às vezes, segundo o sabem os grandes oradores, porém somente de forma metafórica. Sem dúvida, a matéria obedece ao movimento resultante das forças, que podem ser determinadas por números. Mas os números, para os hebreus, são representados pelas letras do alfabeto, e é por meio delas que Deus criou o espaço e os mundos; a letra é, com efeito, o signo convencional de força, todavia não é a força. É assim que no livro do Zohar, que estamos analisando, os rabinos reunidos ao redor do rabi Shimon formulam suas ideias sobre a divindade em torno da figura alegórica de uma cabeça humana, em que os olhos e as orelhas representam a inteligência; os cabelos, os pensamentos; a barba, a palavra, ou melhor, as expressões e as manifestações da verdade. Disseram que essa cabeça não existe de forma visível e tangível; que Deus é inacessível a nossos sentidos e à nossa inteligência; que não podemos compreendê-lo senão nas relações conosco, o que não impediu que grande número de homens supersticiosos atribuísse a Deus figura humana, não só na Antiguidade, mas em épocas muito próximas da nossa. Assim, Swedenborg, esse místico admirável, sustentava que o Universo era, na realidade, um homem imenso, com cabelos luminosos, braços e pernas estrelados; que esse homem foi feito à imagem e semelhança de Deus; que é, em si mesmo, um homem tão imenso e tão brilhante que nenhum olho humano pode vê-lo. Ainda em nossos dias os mórmons imaginam que o Universo é limitado e que Deus, sob a forma de um homem gigantesco, que ocupa o centro, está sentado sobre um colossal Urim-Tumin, isto é, sobre duas pedras talhadas em inumeráveis facetas, nas quais vê o reflexo de tudo o que ocorre nos mundos. Nesse aspecto, eles não são mais progressistas que os escandinavos, que fazem que Odin se sente sob um carvalho, pelo qual um esquilo sobe e desce sem cessar para dizer-lhe ao ouvido tudo o que acontece no Universo.

Saltemos os detalhes das treze mechas da barba alegórica, a fim de não fatigar nossos leitores, e examinemos a conclusão que deles tirou o rabi Shimon.

Conclusão

Relativa à figura alegórica da Macroprosopopeia

O rabi Shimon disse, então, aos companheiros: "Vossas palavras são como o bordado de um grande véu que nos permite, sem sermos cegados ou ofuscados, levantar nossos olhos até a luz eterna.

"Eu via realizar-se o trabalho enquanto faláveis; vossos pensamentos determinavam a imagem, e a imagem vinha, por si mesma, plasmar-se sobre esta alfombra maravilhosa.

"Foi assim que Moisés fez bordar em outra época o véu do Santo Tabernáculo, pendurado sobre quatro colunas por anéis de ouro.

"O altar dos sacrifícios tinha quatro ângulos, semelhante ao quadrado que se podia traçar em todos os círculos do céu, e no meio do altar havia uma barra, terminada por um gancho, que servia para atiçar o fogo do sacrifício, porque não se pode tocar o fogo com as mãos.

"Nossas alegorias são como aquela barra que nos serve para tocar as verdades ardentes.

"Progredimos por intermédio de uma mente regulada pela lei das analogias e pela exatidão dos números. O que sabemos serve de base para aquilo que cremos. A ordem que vemos exige o que supomos nas alturas, onde nada é lançado ao azar, onde tudo se ordena de forma legítima e harmoniosa. Falais, e se desenha o quadro. Vossa voz determina as formas que aparecerão, e estas se situam magnificamente como os ornatos de uma coroa.

"Comovem-se as colunas do templo; elas parecem renascer e sair da terra para escutar-nos.

"Os exércitos do céu o rodeiam, e sua admirável disciplina justifica vossas palavras.

"Oh! Sede felizes no mundo futuro, posto que as palavras que saem de vossa boca são reguladas, de antemão, pela verdade e pela justiça, e seguem a linha reta, sem se torcerem, jamais, nem para a direita nem para a esquerda.

"O Deus santíssimo que bendizeis regozija-se de ouvi-las e as escuta para cumpri-las.

"Porque no mundo do futuro todas as boas palavras proferidas neste se converterão em formas vivas. Vós sois os criadores do bem, vós que formulais pelo Verbo tudo o que é verdade.

"A verdade é um vinho delicioso que jamais se evapora. Cai sobre a terra gota a gota e, escapando-se do copo dos sábios, chega até a tumba, para umedecer os lábios dos mortos, descendo até o coração de nossos pais adormecidos e fazendo-os falar como num sonho.

"Porque a verdade sempre está viva e se apossa para sempre daqueles que a escutam comovidos.

"E, quando os filhos que se acham na terra lhes rendem testemunho, os pais que nela dormem sorriem e respondem suavemente: 'Amém!'".

A Microprosopopeia

Não conhecemos nos livros antigos nada tão grande como o sínodo dos verdadeiros iniciados, ocupados em construir, por intermédio da verdade e da razão, uma figura hieroglífica de Deus. Eles sabem que toda forma, para ser visível, exige uma luz e projeta uma sombra. Porém, a sombra, por si mesma, pode representar a inteligência suprema? Indubitavelmente, não. Não pode representar mais que o véu; a antiga Ísis estava velada. Quando Moisés falava de Deus, cobria a cabeça com um véu. Toda a teologia dos antigos está velada por alegorias mais ou menos transparentes; a mitologia não é outra coisa. A ela sucederam os mistérios, que são o véu negro, despojado dos bordados, determinando cada vez mais essa face de sombra adivinhada pelo grande rabi Shimon. No entanto, tudo isso remonta à ficção primeira, de modo que as páginas que traduzimos, ao serem analisadas, parecem ser a origem de todos os simbolismos e o princípio de todos os dogmas.

Nada tão formoso e consolador como essa explicação dada a certas figuras da Bíblia, que representam Deus irritado, arrependido ou variável como os homens. Shimon bar Yochai nos dirá que essas contradições pertencem tão somente à figura de sombra e são o reflexo das paixões humanas. A figura de luz sempre está radiante e tranquila; todavia, Deus, que não tem rosto, permanece imutável em torno dessa luz e dessa sombra. O homem que busca a Deus achará apenas o ideal do homem, pois como pode o finito conceber o infinito?

O vulgo necessita de um Deus que se lhe assemelhe. Se o Senhor não se agasta quando pecam, crerão que o mal permanece impune e que suas ações desordenadas não terão freio. Se o Senhor não é duro, severo, misterioso, difícil de entender e contentar, deixar-se-ão levar pela indiferença e indolência. A criança indócil necessita ser castigada, e o pai deve mostrar-se irritado, embora sinta vontade de rir diante das diabruras dela.

Assim, segundo nossos mestres, a imagem da divindade possui duas faces: uma que olha os crimes do homem e se irrita, outra que contempla a eterna justiça e sorri.

O mistério da alta iniciação era conhecido também pelos gregos, que, às vezes, davam a Pluto os atributos de Zeus. O Egito invocava o Serápis negro, e conservaram-se imagens de Baco, nas quais ao deus, cujas aventuras recordam a história de Moisés, se gritava em suas festas: "Io Evohé!" (Yod-He-Vau-He), representando as quatro letras do nome de Jehovah, com duas faces, como Jano: uma, jovem e formosa como a de Apolo; a outra, grotesca como a de Sileno.

Apolo e Baco caracterizam os dois princípios de exaltação entre os homens: o entusiasmo e a embriaguez. As almas sublimes embriagam-se de poesia e de beleza; as almas vulgares buscam o entusiasmo na vertigem provocada pelo vinho. Mas o vinho não é para o vulgo a única causa da embriaguez; os homens sem educação embebedam-se com os fumos que lhes sobem à cabeça: os desejos insaciáveis, os apetites desordenados, a vaidade, o fanatismo. Há imaginações ascéticas mais loucas e desordenadas que as das bacantes nos pretensos defensores da religião, que transformam o deleite em amargor e a predicação em sátira, condenados pela incorruptível natureza a usar máscara de sátiros. Seus lábios estão queimados pela insolência, e seus olhos denunciam, apesar da vontade, a perversidade de sua alma.

A face de sombra descrita pelos nossos rabinos não é, porém, o Deus dos Garasse, dos Patouillet ou dos Veuillot; é o Deus velado de Moisés, o Deus posterior, se é possível chamá-lo assim, aludindo a uma citação alegórica da Bíblia. Moisés roga a Deus, a Deus invisível, que se deixe ver por ele. "Olha pela fenda da rocha, respondeu o Senhor, passarei pondo minha mão na abertura e quando tiver passado me verás por trás."

Moisés, ao escrever essa página, tinha consciência do simbolismo da cabeça de sombra, a única que é dada ao homem contemplar sem que seja cegado pela luz. O Deus de luz é aquele com o qual sonham os prudentes; o Deus de sombra, aquele com que sonham os insensatos. A loucura humana vê tudo pelo reverso, e, se nos fosse permitido empregar a metáfora atrevida de Moisés, a face que as multidões adoram não é mais que o anverso da ficção divina, a sombra posterior de Deus. *Videbis posteriora mea.*

Continuação do Texto do Zohar

Prólogo sobre a Microprosopopeia

"Preparai-vos agora e ponde vossa atenção na descrição simbólica da Microprosopopeia, esse véu de sombra disposto e mensurado com forma de luz, essa ficção visível que torna visível ao nosso olhar o esplendor emanado do invisível: o véu negro no qual se destila e sobre o qual se reflete a luz do velho branco.

"Tende por guia a mansuetude e como instrumental de precisão a ordem, a justiça e a beleza.

"Dai forma aos pensamentos humanos que remontam ao autor invisível de todas as formas.

"E que essa forma seja a humana, pois buscamos o rei que deve reinar entre os homens.

"Que seja de forma humana, para que possamos sentá-la sobre um trono e adorá-la.

"Não diz o profeta: 'Vi um trono no céu e sobre esse trono algo imenso que parecia uma figura humana?'.

"Demos-lhe a figura humana, pois esta é, para nós, a síntese de todas as formas.

"Porque o nome de homem é para nós a síntese de todos os homens.

"A ele demos a figura humana porque esta encerra, para nós, todos os mistérios do mundo antigo, do mundo criado antes do homem e que não pôde encontrar equilíbrio até o dia em que apareceu a figura de Adão."

Os reis de Edon

"Lemos no livro do Mistério: 'Antes que o Ancião dos anciães tivesse revelado suas proporções, permitiu a ação de forças gigantescas, semelhantes aos reis que, antes da vinda do povo de Deus, reinavam sobre a terra de Edon'.

"Entregou a natureza aos opostos, com o que foram destruídos uns pelos outros, pois não puderam se ajustar em proporções para formar os membros de um corpo, pois lhes faltava uma cabeça.

"Então, esses Elohins terrestres, esses reis anárquicos do mundo foram destruídos.

"Foram destruídos, porém não aniquilados.

"Destruídos como potências desordenadas, foram conservados como potências conquistáveis.

"E sua colocação estava ordenada quando se criou a ordem na natureza.

"Por outro lado, nada se destrói, tudo se transforma, e, quando os seres mudam para obedecer à ordem eterna, acontece o que entre os homens se chama morrer.

"O próprio rei do Egito não morreu; desceu do trono para deixar lugar para o Eterno!

"Diz-se que Adão deu nome a todos os seres porque, com sua chegada, se constituiu a natureza em hierarquia, e, encontrando-se pela primeira vez todos os seres em seu lugar, tiveram uma razão para serem designados por um nome.

"O único monstro pré-adamita que não foi destruído foi o grande Andrógino, macho e fêmea como a palmeira.

"Ele é a força criadora que existia antes de Adão e que Deus não destruirá.

"Existia, mas não estava regulada; trabalhava, porém a lei de seu trabalho não estava determinada, enquanto não produziu sua obra-prima, a forma vivente de Adão."

O Crânio da Microprosopopeia
O ar sutil, o fogo e o rocio

"Quando a cabeça branca propôs-se a acrescentar um ornato à sua beleza, destacou um raio de sua própria luz.

"Soprou sobre aquele raio para esfriá-la, e este se tornou sólido.

"Soprou e inturgesceu-se como um crânio transparente e azulado que continha miríades de mundos.

"Essa cavidade contém o rocio eterno, branco do lado do Pai e vermelho do lado do Filho. É o rocio da luz e da vida, o rocio que fecunda o Universo e ressuscita os mortos.

"Uns ressuscitam na luz, outros no fogo.

"Uns, na eterna brancura da paz; outros, no vermelho do fogo e nos tormentos da guerra.

"Os perversos são, de certo modo, os que fazem enrubescer de vergonha a face do Pai.

"No crânio do homem universal, Filho único de Deus, reside a ciência, com seus trinta e dois caminhos e suas cinquenta portas."

Os cabelos da Microprosopopeia

"Os cabelos representam os pensamentos porque se irradiam em torno da cabeça.

"Há, em torno da cabeça da Microprosopopeia, miríades de miríades e milhões de milhões de cabelos negros, crespos e entrelaçados.

"Ali se encontram misturados, em proporção adequada, a luz e a sombra, o verdadeiro e o falso, o justo e o injusto. No meio do cabelo há uma linha, reta e pura, que corresponde à da cabeça branca.

"Porque o equilíbrio é o mesmo, e, para Deus, o mesmo que para o homem, as leis que regem a balança são idênticas no céu e na terra.

"Entre os pensamentos do homem, uns são duros e desapiedados e outros são doces e flexíveis.

"A mesma balança os pesa e corrige os rigores da esquerda com a misericórdia da direita."

A FRONTE DA MICROPROSOPOPEIA

(Os olhos e sua cor.)

"Quando a fronte de luz irradia, a fronte de sombra banha-se em seu brilho.

"Quando a cólera carrega de sombras a fronte do Deus dos homens, os cabelos negros e crespos se eriçam, e um sopro de cólera os faz silvar como as serpentes.

"As preces da ignorância se elevam como um fumo negro e tornam ainda mais tenebrosa a fronte do ídolo.

"Ele surge da sombra e sobe diretamente à luz.

"Então se inclina a cabeça celeste, e a fronte tenebrosa, que está embaixo, se enche de esplendor.

"Cessa a cólera, aplaca-se a tempestade, e a vingança se converte em perdão."

OS OLHOS

"Têm sobrancelhas negras e espessas. Em torno de seus olhos se eriçam as pestanas, que têm a cor das trevas.

"Quando suas pálpebras sombrias se elevam, Ele parece despertar. Seus olhos se iluminam com um reflexo de luz suprema, semelhante ao olhar de Deus.

"A Ele é que se dirige o Profeta quando diz: 'Desperta, Senhor! Por que dormes tanto tempo? Não é hora de sacudir, finalmente, teu sono?'.

"É que durante o sono de Deus de sombra as nações estrangeiras exercem seu domínio sobre Israel.

"O Deus do homem dormita quando a fé adormece no homem.

"Porém, quando Deus desperta, circunvaga a vista e, olhando de través às nações que nos oprimem, destrói-as com seus raios.

"Quando seus olhos estão abertos, são doces como os das pombas, e neles se encontram as cores primitivas: o branco, o negro, o amarelo e o vermelho.

"O negro dos olhos da Microprosopopeia assemelha-se àquela pedra que sai do abismo do grande mar uma vez a cada mil anos.

"E, quando aparece essa grande pedra, forma-se uma grande tempestade, encrespam-se as águas, e o ruído que produzem é ouvido pela serpente imensa que se chama *Leviatã*.

"Essa pedra emerge do abismo profundo, roda no torvelinho marítimo, sai para o exterior e então se produz uma negrura, ante a qual se desfazem os demais negrores.

"Os iniciados sabem que nessa negrura se ocultam todos os mistérios da ciência.

"Tal é o negror do olho do Ancião que encerra e sobrepuja todas as obscuridades, até as mais profundas.

"Sua brancura é a que lhe é dada pelo olhar supremo; é o leite da misericórdia que cai sobre Ele, gota a gota, como se fossem lágrimas.

"Seu vermelho é o fogo que destrói e renova a vida.

"Seu olhar de bondade é fulvo e resplandecente como o ouro. Quando se irrita ou ameaça, tremulam duas lágrimas em seus olhos.

"Seu raio brilha e irrompe, sua ira aprofunda-se no abismo; seu fogo acende-se para devorar suas vítimas.

"As potências da terra são vencidas; os cedros são torcidos como talos de erva; a cova fica plena, o Deus de sombra se apazigua, e sobre as lágrimas suspensas brilha um raio de luz emanado da claridade de um Deus de amor.

"A pupila se fecha, as lágrimas brotam e, ao fazerem-no, extinguem o fogo do inferno eterno."

O Nariz e a Barba
Análise

Shimon bar Yochai continuou explicando o livro do Mistério e descreveu a anatomia do Deus negro. Esse Deus não é nem o Arimã dos persas nem o princípio maniqueísta do mal: é uma concepção mais elevada; é uma penumbra que medeia entre a luz infinita e os débeis olhares do homem; é um véu feito à semelhança da humanidade, na qual Deus se digna velar sua glória. Nessa sombra, encontra-se a razão de todos os mistérios. É ela que explica o Deus terrível dos profetas, o Deus que ameaça e se faz temer. É o Deus dos sacerdotes, o Deus que pede sacrifícios, o Deus que adormece e desperta com o toque das trombetas do templo; o Deus que se arrepende de haver criado o homem e que, vencido por preces e oferendas, se aplaca no momento de castigar.

É preciso observar que tal concepção obscura da divindade, longe de parecer falsa aos grandes rabinos reveladores do mistério, é tida por muito legítima e necessária.

O santuário antigo estava velado e, quando o véu se rompia, anunciava o fim de uma religião e de um mundo. O véu não se rompe sem que a terra trema, como aconteceu na morte de Cristo; porém, um santuário sem véu é um santuário profanado. Prontamente Calígula levará a ele seus ídolos, aguardando as rochas lançadas pelos soldados de Tito. Uma voz exclama: "Os deuses se vão". Enquanto isso, o cristianismo, em silêncio, prepara outro Santuário e tece um véu novo.

É necessário que as cabeças hieroglíficas dos dois anciães sejam representadas de forma concêntrica e superpostas; que uma seja o duplo da outra, porém de modo invertido: o que está em branco numa delas estará em preto na outra, e vice-versa.

Os grandes rabinos referem-se minuciosamente aos detalhes dessas duas cabeças, enumerando-lhes as mechas dos cabelos e as divisões da barba; descrevendo o nariz de cada uma e os sopros contrários que escapam das quatro narinas. O nariz largo e majestoso do Pai supremo respira a vida divina e eterna; o nariz curto do Deus irascível respira fumo e fogo; é o vulcão da vida terrena, e é assim que os grandes rabinos parecem entender o fogo eterno do inferno, isto é, a ficção inferior.

Esse fogo, dizem, não pode ser extinto senão pelo fogo do altar, e esse fumo não pode se dissipar senão pelo fumo do sacrifício. Representa-se a esse Deus negro, de nariz fumegante, com dois orifícios que são as portas chamejantes do inferno. Nessa descrição, o Deus negro assemelha-se ao nosso diabo, devendo-se a essa ficção dos rabinos o Arimã dos persas, o Deus mau dos maniqueístas e o diabo dos cristãos, todos da mesma origem.

É um símbolo desfigurado; consequentemente, não é a sombra de Deus, mas, por assim dizer, a caricatura da sombra.

Esse abuso, criando, pela ignorância, uma imagem atrevida, prova a necessidade do ocultismo e justifica os rabinos que rodeavam de tanto mistério os segredos da *Kabballah*.

Após haver descrito o nariz, o rabino passa a falar das orelhas do Deus negro. Estão cobertas de pelos crespos, porque no homem de quem o Deus negro é imagem ofusca-se o entendimento pela desordem de seus pensamentos. Quando o Deus vulgar dormita, seus ouvidos não ouvem, e o mal invade o mundo. O mal que ofende e irrita o Deus de sombra não existe para o Deus de luz. Referida a ordem absoluta, a desordem não existe.

Quando o Deus dos homens desperta, sacode sua cabeleira, e o céu treme. Então seus ouvidos se descobrem e dão acesso às preces. Esses são os dias de vitória para Israel; então triunfa de Amã e detém os inimigos.

Das orelhas, o rabi Shimon passa à barba e descreve os cachos separados; encontra nove mechas, e não treze, como a barba branca do ancião supremo, porque o Verbo negativo do Deus de sombra não poderia explicar o quaternário divino. O ternário multiplicado por si mesmo dá nove, que é o número de qualquer hierarquia e classificação no método cabalístico. Há nove coros de anjos e nove classes de demônios. O número nove tem, pois, seu lado luminoso e seu lado obscuro; todavia, o quaternário tetragramático constitui o número perfeito que não admite negação. A negação do quaternário seria a ficção monstruosa do mal absoluto. Seria o Satã dos demonologistas, monstro impossível e desconhecido dos antigos mestres, os grandes cabalistas hebreus.

As nove mechas da barba representam o Verbo negativo. São as sombras das grandes luzes.

As grandes luzes são as nove concepções divinas que precedem à ideia da criação.

Primeira luz
A coroa ou poder supremo
Sombra dessa luz
O despotismo ou o poder absoluto
Segunda luz
A sabedoria eterna
Sombra dessa luz
A fé cega
Terceira luz
A inteligência ativa
Sombra dessa luz
O dogma que se pretende imutável e é fatalmente progressivo
Quarta luz
A beleza espiritual
Sombra dessa luz
A fé cega
Quinta luz
A justiça eterna
Sombra dessa luz
A vingança divina
Sexta luz
A misericórdia infinita
Sombra dessa luz
O sacrifício voluntário

> *Sétima luz*

A vitória eterna do bem

> *Sombra dessa luz*

Abnegação e austeridade voluntária

> *Oitava luz*

Eternidade do bem

> *Sombra dessa luz*

Inferno eterno

> *Nona luz*

Fecundidade do bem

> *Sombra dessa luz*

Celibato e esterilidade

Aqui se detêm forçosamente os números negros, porque o número dez é o da criação, e esta não pode ser negativa. O celibato e a esterilidade nada produzem.

O celibato foi sempre o sonho do misticismo, mesmo no judaísmo, que condena, de modo formal, a esterilidade.

O ascetismo é, com efeito, incompatível com os deveres da família; os profetas errantes não tinham mulheres; a família é o mundo, e o misticismo é o deserto.

A família é a vida real, e o misticismo é o sonho.

A família exige a propriedade, e o misticismo, a abnegação e o desprendimento voluntário.

O misticismo é o sentimento religioso levado até a loucura. Por isso, deve ser regulado e temperado pela autoridade sacerdotal; os místicos são meninos que têm como sacerdotes seus pedagogos e tutores. Falamos aqui dos mistérios ortodoxos que escapam à vertigem da loucura graças ao freio da obediência. Os místicos insubmissos são loucos que podem chegar a se enfurecer e aos quais seria prudente tornar reclusos.

A MICROPROSOPOPEIA CONSIDERADA ANDRÓGINO

Eis o que aprendemos, disse o rabi Shimon: "Estas disposições e os mistérios do Verbo devem ser revelados somente aos que podem se suster em equilíbrio sobre os pés apoiados nos pratos da balança. Não podem ser comunicados aos que não penetraram na cripta das grandes provas, mas apenas aos que aí entraram e saíram dela.

"Para o que entra e não sai seria melhor não ter sido criado".

Comentário: Vemos aqui claramente que o dogma professado pelo rabi Shimon, o dogma oculto de Moisés, procede dos santuários do Egito. Ali, com efeito, passava-se por grandes provas antes de ser admitido à iniciação. Tais provas ocorriam em subterrâneos imensos, dos quais não saíam jamais os que tinham cedido ao temor. O adepto que saía vitorioso recebia a chave de todos os mistérios religiosos, e a primeira e grande revelação que se lhe comunicava ao ouvido, passando perto dele, estava contida nesta fórmula: *Osíris é um Deus negro.*

Isto é: o deus que os profanos adoram é tão somente a sombra do verdadeiro Deus.

Atribuímos-lhe as cóleras do homem para que seja temido pelos homens.

Porque, se não se apresenta aos homens um mestre que seja semelhante a eles, a ideia da divindade sobrepujará de tal modo sua débil inteligência que lhes escapará por completo, e eles cairão no ateísmo.

Quando um homem praticou o mal, cai na desordem e se coloca contra a lei mantenedora de sua felicidade. Sente-se, então, desgraçado e descontente consigo mesmo. Para explicar o ressentimento de sua consciência intranquila, diz que Deus está irritado com ele. Assim, é preciso que abrande a Deus com expiações, que, semelhantes aos castigos infligidos às crianças teimosas e indóceis, imprimirão em sua memória o horror ao mal. É preciso, antes de tudo, que entre no caminho do bem e, então, na calma que experimenta, sente que Deus o perdoou. Deus não perdoa, posto que não se irrita jamais; porém, se dizeis ao homem vulgar que o juiz supremo está no fundo da sua consciência, acreditará que Deus não é mais que uma palavra e chegará a discutir facilmente com a consciência, atribuindo os escrúpulos ou remorsos aos preconceitos da educação, chegando a não ter por guia nada mais que o interesse de suas paixões, que são as emissárias da morte.

CONTINUAÇÃO DO TEXTO

Eis o resumo de todas essas palavras.

"O Ancião dos anciães está na Microprosopopeia; a luz está oculta na sombra; o grande está representado pelo pequeno; tudo está na unidade suprema; tudo esteve, tudo está e tudo estará nela. Não mudará, não muda, não mudou. Não tem forma, porém se adapta à nossa; toma para nós a forma que contém todas as formas e o nome que abarca todos os nomes.

"Essa forma, sob a qual se apresenta ao nosso pensamento, não é, na realidade, a sua; é a analogia de uma forma.

É uma cabeça fictícia à qual adaptamos diademas e coroas.

"A forma do homem resume todas as formas, das coisas superiores e das inferiores.

"E, já que essa forma resume e representa tudo o que é, servimo-nos dela para representar Deus sob a figura do velho supremo. Desse modo, de conformidade com essa figura, que é sua sombra, imaginamos a Microprosopopeia.

"E, se me perguntais que diferença há entre os dois velhos, responderei que ambos representam um mesmo e único pensamento.

"São os dois lados de uma imagem: voltada para o céu, a imagem é serena e esplêndida; voltada para a ignorância e os vícios do homem, ela aparece ameaçadora e tenebrosa.

"Assim, o Senhor, quando da saída do Egito, marchava à frente de Israel em uma nuvem: luminosa do lado de Israel e tenebrosa do lado dos egípcios.

"A luz e a sombra não se opõem uma à outra?

"Parecem tão irreconciliáveis que, quando uma é visível, a outra encontra-se eclipsada.

"Concordam, portanto, de maneira admirável, e é sua harmonia que torna visíveis todas as formas.

"Porém estes arcanos são acessíveis tão somente aos segadores do campo sagrado.

"Está escrito: 'O mistério do Senhor pertence aos que O temem'."

Comentário: Aqui, o rabi Shimon se esforça por explicar os mistérios do Gênese, nos quais Deus está representado na forma humana criando Adão à sua imagem e semelhança. Essa forma humana atribuída a Deus é a prototípica do grande Adão, isto é, da humanidade implícita no Verbo de Deus.

Além disso, pelo grande Adão, chamado Adão ou Adam Kadmon Protoplasto, os iniciados judeus não entendem o primeiro indivíduo humano; não admitem a existência desse primeiro indivíduo e fazem aparecer a raça humana simultaneamente em toda a superfície da Terra.

O grande Adão é, para eles, a humanidade primitiva, e ainda algo mais que a humanidade, porque o corpo de Adão encerra todos os seres e espíritos do Universo; também lhe atribuem as proporções mais gigantescas. Sua fronte toca o zênite, sua mão direita chega ao Oriente, e a esquerda, ao Ocidente. Quando levanta o pé para iniciar a marcha, a sombra do calcanhar dele provoca um eclipse do Sol. É andrógino e tem duas faces: a face masculina na frente e a feminina atrás. Cada face é também andrógina, isto é, masculina na direita e feminina na esquerda. O protótipo do grande Adão da Microprosopopeia é igualmente andrógino à frente, atrás, à direita e à esquerda, em cima e embaixo; o que mostra o equilíbrio universal e a balança das forças, ora ativas, ora passivas, no conjunto da natureza.

Algumas figuras farão com que se compreenda melhor o simbolismo, podendo oferecer, aqui, algumas daquelas que os iniciados nas ciências ocultas chamam pantáculos, isto é, símbolos universais.

Não acompanhamos o rabi Shimon nas descrições que faz do andrógino divino, contido no protótipo, que é o velho negro ou o Deus de sombra. São ficções de anatomia monstruosa que recordam os estranhos acoplamentos de certos deuses híbridos da Índia. Um grandioso pensamento preside, indubitavelmente, todos esses sonhos, porém sua expressão sai dos nossos usos e costumes. Basta dizer que o rabino representa os pares típicos (o da Microprosopopeia e a natureza, sua mulher; e a de Adão e sua Eva) no ato de eterna cópula, explicando seus ardores e desfalecimentos amorosos, convertendo, desse modo, a imensidade num enorme leito nupcial que não possui nem alcova, nem cobertas, nem cortinas.

Sobre a Justiça Segundo o texto do rabi Shimon

"A mulher não possui a força e a justiça, devendo recebê-las do homem.

"Aspira a isso com sede indizível, porém só pode recebê-las quando está submetida.

"Quando domina, só pode gerar a revolta e a violência. Por isso a mulher fez-se dona do homem induzindo-o ao pecado. Chegou a ser mãe pela incontinência dos seus desejos e gerou Caim.

"Depois disse: 'Deus e eu criamos o homem, e esse homem é propriedade minha'.

"Ainda não estava pronta para a maternidade verdadeira porque a serpente a contaminara com sua inveja e sua cólera.

"O nascimento do cruel e impiedoso Caim foi violento e terrível, pois esgotou todas as energias da mulher.

"Então se debilitou para engendrar o afável Abel.

"Essas duas gerações antagônicas não puderam se harmonizar: o forte deve absorver o fraco, isso de modo indefectível, e foi o que sucedeu.

"Então o Deus de sombra despertou e arrancou do ventre de Caim seu irmão, a quem havia devorado.

"Porém nem Caim nem Abel foram considerados bastante justos para permanecer diante dele.

"Arrojou Abel aos limbos da vida e precipitou Caim no grande oceano das aflições.

"Intentam, todavia, combater-se ali e engendram, cada um por seu lado, um espírito de debilidade e violência.

Felizes as almas que descendem em linha reta do grande Adão! Porque os filhos do inútil Abel e os do criminoso Caim são injustos e pecadores.

"A verdadeira justiça une a bondade à força e não é nem violenta nem débil.

"Ditosos vós que compreendeis estas palavras, as palavras que reúnem a esquerda à direita e combinam as coisas superiores às inferiores.

"Ditosos mestres dos mestres, segadores da santa campina, que contemplais e reconheceis o Senhor, mirando-o face a face, e que, pela vossa união com o Verbo eterno, vos tornais dignos da imortalidade no mundo futuro.

"Acerca de vós é que se escreveu: 'Saberás, desde agora, que o Senhor reina, ao mesmo tempo, no mais alto dos céus e no mais profundo da terra'.

"O Senhor, o Ancião dos dias, Deus, reina em todos os lugares, quer dizer, o único, o só! Que seu nome seja bendito neste século e pelos séculos dos séculos!"

PALAVRAS FINAIS ACERCA DO HOMEM SUPREMO

O rabi Shimon disse: "Olhando para baixo, vemos as coisas do alto, e observando as coisas do alto vemos as que estão embaixo".

Os dez dedos de nossas mãos nos recordam as dez coroas da ciência, os números sagrados e seu equilíbrio, cinco de um lado e cinco do outro.

O mesmo acontece com os dedos dos pés: o que está em cima é como o que está embaixo.

As formas superiores governam as inferiores; o de cima é como o de baixo; a mulher é semelhante ao homem.

Os contrários governam os contrários; os extremos se tocam, se ligam e reagem uns sobre os outros.

O homem e a mulher, reunidos, constituem o corpo perfeito da humanidade.

Um é a consequência do outro; ambos se necessitam, agem e reagem mutuamente.

A vida que os anima é a mesma: assim, o sangue impelido pela anastomose das veias chega igualmente à esquerda e à direita em todo o corpo.

Todos os vasos do corpo regam-se mutuamente; todos os nervos intercomunicam o fluido luminoso e a sensibilidade.

Como os mundos no espaço, eles irradiam mutuamente a luz de seus sóis.

Tudo o que está fora dessa vida mútua e universal do grande corpo é imundo. Não vos aproximeis dos espíritos que estão fora da grande comunhão, porque não recebereis mais que manchas.

Os espíritos errantes são como cabeças cortadas que sempre têm sede, porém a água que bebem se esvai com seu sangue e não os sacia.

Se é assim, perguntareis: – Os mesmos anjos fazem parte do grande corpo da Sinagoga?

– Como podeis duvidar?

De outra forma não terão parte na santidade nem na vida.

Porque a Sinagoga dos sábios é o corpo da humanidade, é o corpo de Deus.

O anjo do Senhor, na profecia de Daniel, não se chama Gabriel? E o que quer dizer Gabriel senão o homem por excelência, o homem de Deus ou o Homem-Deus?

A tradição nos ensina que os espíritos imundos não podem se revestir da beleza das formas humanas porque não entraram na harmonia do corpo perfeito.

Estão errantes e dão voltas pelo mundo, sem poder se estabilizar em forma nenhuma.

Portanto, sentem-se rechaçados, porque levam em si a insubmissão de Caim e são atirados fora do campo, cujas tendas resplandecentes são as estrelas.

Jamais se fixam na verdade; por vezes querem se elevar, outras baixar, mas, se se elevam ou se baixam, são sempre imundos.

Os espíritos impuros que provêm de Hebel (Abel), por serem mais amorosos, podem ligar-se aparentemente ao grande corpo.

Porém, são como membros artificiais: permanecem unidos ao corpo, mas carecem dele.

Esses espíritos são como abortos ou membros cortados caindo no espaço; ouvem o mesmo no alto ou embaixo (quando podem fazê-lo), porém jamais compreendem algo, tal como afirmam aqueles que se ocuparam do assunto.*

---

* O grande mestre de cabala parece admitir a existência dos espíritos errantes disseminados pela atmosfera, espíritos indecisos que não têm forma definida, espécies de larvas impuras que o centro da vida rechaça para as trevas exteriores. Outros cabalistas, apoiados numa palavra de Jesus Cristo, dão a entender que essas trevas exteriores são a *geena* ou o *inferno*, porém que as almas não podem se deter ali. Nas trevas, as almas impuras se dissecam, consomem-se e, reduzidas depois de longo tempo de sofrimento mais ou menos intenso à sensatez primitiva de seu princípio vital, perdem a memória e são atraídas novamente à vida (Ver *Pneumatica Kabbalistica* e o livro de Isaac de Soria, *De revolutionibus animarum*). (N. dos TT.)

Eis a tradição sobre o mistério do livro. Quando o protótipo conjugal se equilibrou através da pacificação do Deus de sombra, o casal adâmico aproximou-se pela terceira vez.

E o resultado foi uma geração equilibrada. Então se estabeleceu a harmonia entre o céu e a terra.

O mundo superior fecundou o inferior porque o homem, mediador entre o pensamento e a forma, havia, enfim, encontrado a harmonia.

Assim, houve a glória divina de cima e a glória divina de baixo, a *Shekhinah* do céu e a *Shekhinah* da terra.

Santo é o Senhor dos pensamentos do céu; santo nas formas da terra; santo é o Senhor, cujo pensamento se divulga em ideias sob as formas e remonta das formas ao pensamento!

Santo, Santo é o Senhor, o Deus das falanges, o Deus dos seres coordenados e comandados entre si como exércitos!

Eis uma de nossas tradições.

Há compensações entre os seres. Está escrito no Cântico dos Cânticos: "Faremos colares de ouro com incrustações de prata".

É dessa forma que a misericórdia se une à justiça para embelezá-la.

São como as palmeiras que crescem aos pares, de modo que o irmão não se desenvolve jamais sem a irmã.

Também sabemos que o homem que se separa da humanidade, recusando amor a uma companheira, não encontrará lugar depois da morte na grande síntese humana, mas permanecerá fora, estranho às leis da atração e às transformações da vida.

E a natureza, envergonhada dele, fará que ele desapareça, da mesma forma que nos apressamos em fazer desaparecer os cadáveres.

Por que a lei nos obriga a retirar o cadáver da casa que foi sua morada?

É por respeito à forma humana que, embora inútil, não deve ser envilecida.

É para impedir que aquilo que fora uma pessoa se transforme em algo sem uso nem nome.

É para distinguir o corpo venerável do homem da corrupção do animal.

Quando se trata do homem, não se deve permitir que a morte se afirme. O homem é a medida do espírito imortal.

Um corpo humano sem alma é como uma lacuna na natureza; portanto, o cadáver é respeitável por causa de sua figura humana.

É preciso apressar-se em pôr fim a esse contrassenso, por isso amortalhamos nossos defuntos antes da noite que segue sua morte.

Os homens que renunciam à humanidade com a esperança de conquistar o céu são como anões que quiseram desobedecer aos gigantes e cometer um crime contrário.

Porque está escrito: "Os filhos de Deus, após terem visto as filhas dos homens e comprovado que eram formosas, inclinaram-se demasiadamente para contemplá-las e foram lançados ao abismo".

Ali engendraram espíritos impuros e demônios, e aquele foi um tempo de gigantes na terra.

Sua queda, contrária à ordem da natureza e, consequentemente, imprevista do supremo ordenador das coisas, explica o arrependimento ou o pesar de Deus, quando se diz que o Senhor se arrependeu de haver criado o homem.

E o texto acrescenta: "Sobre a terra", porque o plano divino permanecia intacto no céu. O homem do céu não pecara. Porém o anjo, ao cair, rompera o equilíbrio da terra, e Deus foi obrigado a criar o que desejava.

Porque o equilíbrio do homem é também o da natureza, e sem o homem o mundo não existiria.

Porque o homem é o receptáculo do pensamento divino que cria e conserva o mundo; é a razão de ser da terra; tudo quanto existiu antes dele foi trabalho preparatório para seu nascimento, e sem o concurso dele a criação inteira teria sido um aborto.

Assim foi que o profeta viu os anjos levantarem um trono no céu, sobre o qual se erigira uma imagem semelhante à do homem.

E Daniel disse que via uma espécie de filho do homem que subia lentamente até o Ancião dos dias.

E uma vez perto dele lhe mostrava a face do Senhor.

Conclusão

Até aqui, nossas palavras têm sido misteriosas e ocultam um sentido elevado que escapa ao alcance do vulgo. Feliz daquele que sabe compreendê-las e as explica sem se enganar!

Porque essas palavras foram dadas somente aos mestres e aos segadores do campo sagrado, àqueles que entraram na prova e saíram dela.

Está escrito: "As vias do Senhor são retas e os justos caminham por elas sem se deter, porém os transgressores da lei sempre acharão pedras e escolhos".

Tendo dito todas essas coisas, chorou o rabi Shimon e, elevando a voz, exclamou: "Se algum de vós, ó meus irmãos, tiver que revelar aos profanos as coisas que acabamos de dizer, que Deus se apodere deles e oculte-os em sua glória!

"Porque tem mais valia que saiamos do mundo que revelar aos filhos dele os mais sublimes mistérios do céu.

Revelei-os a vós somente, na presença do Ancião dos anciães; não o fiz por minha glória, nem pela glória da casa de meu Pai, nem para orgulhar meus irmãos que estão aqui congregados.

Mas somente para evitar que errem nas vias da grande sabedoria, para que possam se apresentar sem rubor à porta de seu palácio e para que não sejam riscados, como uma letra mal escrita, do livro da vida".

Portanto, eis o que aprendemos.

Antes que os rabinos reunidos na casa da mó tivessem saído ao campo, três deles morreram subitamente.

Foram esses: rabi José, rabi Thiskia e rabi Jesa.

Seus companheiros viram-nos elevar-se, levados pelos santos anjos, além do véu estendido sobre suas cabeças.

O rabi Shimon proferiu, então, uma palavra e se prosternou.

Depois exalou um grande grito dizendo: "Que é isto? Deus nos perdoe! Um decreto de morte foi pronunciado contra nós por havermos revelado mistérios desconhecidos de todos os homens, desde o dia em que Moisés, olhando face a face a divina visão, esteve de pé no Sinai?

"Se devemos ser castigados por isso, como é que a morte não começou por mim?".

E ouviu uma voz que dizia:

"Bem-aventurado, rabi Shimon, e bem-aventurado teu patrimônio, bem como o de teus companheiros que estão contigo. Acaba de vos ser revelado o que o Senhor não revela a toda a família do céu.

"Vinde e olhai!

"Está escrito: 'Esta doutrina será o patrimônio do filho maior, e ao filho mais jovem serão fechadas as portas'.

"Os que acabam de morrer não eram suficientemente fortes para levar tanta ciência pela Terra.

"Deixaram que as almas se entusiasmassem e foram arrebatados por seu êxtase.

"Os santos anjos colheram-nos e levaram-nos acima do véu".

O rabi Shimon respondeu: "São felizes!".

Retomou a voz: "Ide agora, vós que restais, porque o Senhor vos tornou fortes contra a terra e contra o céu. Estais em perfeito equilíbrio e, portanto, vivereis".

Levantaram-se, e a cada passo que davam suaves perfumes surgiam da terra.

E o rabi Shimon acrescentou: "Vejo agora que a terra será bendita por nossa causa".

E seus rostos estavam tão radiosos que ninguém poderia lhes suster o olhar.

Assim, soubemos que dez haviam entrado no arco ou círculo, e que dele não haviam saído mais que sete.

O rabi Shimon estava cheio de alegria, porém o rabi Abba experimentava grande tristeza pelos que já não viviam.

Porém, um dia em que estavam os sete sentados em torno do mestre, o rabi Shimon proferiu uma palavra misteriosa.

E viram, então, os três que haviam sido arrebatados. Anjos de elevada dignidade serviam-nos, abrindo para eles portas douradas e mostrando-lhes os tesouros que lhes haviam sido destinados.

Então a alma do rabi Abba se aplacou.

Os sete mestres, a seguir, não abandonaram a morada do rabi Shimon.

E o rabi Shimon dizia: "Somos os olhos do Senhor".

O rabi Abba respondeu: "Somos seis lâmpadas que devem sua luz à sétima, e a sétima és tu".

E o rabi Jehuda chamava-o o Grande *Shabat* da semana dos mistérios.

Um dia lhes apareceu Elias com sua roupa de pele e a face com o triplo raio de luz.

E o rabi Shimon lhe disse: "Não estavas conosco na arca quando explicamos as palavras da ciência?".

Elias respondeu: "Quis transladar-me, porém os anjos me negaram suas asas, porque eu tinha outra missão a cumprir. Naquele dia fui consolar e libertar vossos irmãos que estão no cativeiro. Espargi sobre as cadeias um bálsamo que deverá rompê-las um dia. Porque os justos devem estar agrilhoados somente com coroas enlaçadas umas às outras.

"Assim se encadeiam os dias de provação com os de glória, e, após a semana de trabalho, virá a do repouso.

"Então toda cadeia se prostrará ante o trono do Senhor. Quando, porém, forem salvos os últimos do povo, quão grande não será a glória dos justos!

"Os povos serão sua coroa e se unirão nas festas do Senhor que resplandecem no ano em meio à coroa dos outros dias.

"Um triplo banquete espera os justos nas solenidades do Grande *Shabat* (*Sábado*) do porvir.

"Está escrito: 'Chamarás ao sábado as delícias dos justos e o comprarás ao santo do Senhor'.

"Logo, qual é, por excelência, o santo do Senhor?

"É o rabi Shimon bar Yochai, que é glorioso no mundo e que será mais glorioso ainda no mundo futuro".

Aqui termina o santo livro do Grande Sínodo.

SEGUNDA PARTE

A GLORIA CRISTÃ

A glória cristã é o triunfo da inteligência sobre a besta; da verdade sobre a mentira; da luz sobre a sombra; da humanidade sobre o diabo.

Deus fez-se homem para impedir que o diabo se fizesse Deus.

Que é o diabo? É a besta, a sombra, a mentira. Por que existe? Porque a sombra é necessária como *substractum* da luz; porque o mal é o fundamento do bem.

Assim se explicam as sombras dos antigos santuários; assim se explicam também as obscuridades da Bíblia. É preciso uma sombra para servir de propulsora à luz. É preciso, para a multidão grosseira, que exista uma divindade terrível que afugente as paixões humanas com suas cóleras e vinganças. O Deus exterminador, o Deus dos castigos, o Deus de sombra, o Deus feito à imagem do homem é totalmente inverso ao Deus dos sábios. A face negra é como uma máscara que disfarça o rosto sereno do Pai eterno de todos os seres para amedrontar as crianças indóceis.

Essa doutrina deveria ser mantida em segredo porque não poderia ser compreendida senão pelas inteligências mais elevadas.

Desgraçadamente, transcendeu e aconteceu o que se temia: as inteligências limitadas não compreendem o Deus fictício de duas faces tão diferentes, e a face de um dualismo absurdo introduz-se no espírito de alguns sectários. Daqui nasceram os dogmas do falso Zoroastro, a face de luz foi Ormuzd, e a face de sombra chegou a ser a cabeça fatal do sombrio Ahriman. Naquele dia foi criado o diabo.

Observamos que a Bíblia atribui a Deus as obras que imputamos ao usurpador do reino infernal. É Deus que endurece o coração do Faraó, a fim de castigá-lo, bem como a seu povo, com aflições espantosas, e quem impele, finalmente, à impenitência póstera. É Deus que envia um de seus anjos ou mensageiros para extraviar o espírito de Achab e precipitá-lo numa guerra funesta.

"Como te apoderarás dele?", pergunta a esse espírito. E o anjo lhe responde: "Serei um espírito de mentira na boca de falsos profetas". "Vai", responde-lhe o Senhor, "e que sejas vitorioso".

Nessa época, não se imaginava uma divisão do reino de Deus, e que este se reservava o reino da luz para deixar seu inimigo reinar na sombra. O Deus do mal ainda não fora inventado.

Sendo o mal a negação do bem, não saberia ter nenhum poder, porque a negação do bem implica a negação da verdade que alcança o ser até as raízes. Que vitórias poderá alcançar um general que sempre se engana? A existência do diabo é uma mentira radical. Seu gênio, imensa loucura. Lutar eternamente contra Deus, que quimera! Para que isso fosse possível, seria necessário que Satã criasse para si um deus feito à própria imagem. Não compreende sequer o que a criança mais ingênua pode compreender. Espírito de cegueira, é a cegueira personificada. Estranho poder, como o de um monarca num reino de trevas! Todos os pensamentos dele devem ser falsos; todos os esforços devem cair na vacuidade; os loucos de Bedlam teriam direito de mofar dele.

Afirmar-se-á, porém, que existem homens perversos, no mundo, que negam a existência de Deus ou, o que ainda é mais terrível, creem n'Ele e blasfemam contra Ele. Esses homens mentirosos exercem influência fatal sobre os demais. Possuem o gênio da destruição, triunfam, seduzem, devoram, e a Providência deixa-os agir. Sua existência e seus triunfos passageiros corroboram o reinado transitório de Satã. Quando conseguem caluniar e oprimir o justo, pode-se dizer, sem blasfemar, que devem a Deus sua vitória? Porém, se não é Deus que os dota da força para fazer o mal, existe, portanto, uma sombria providência das trevas, um poder maldito que Deus deve vencer algum dia, mas que, no tempo de nossa provação, se eleva contra Deus, enquanto damos a ele a cumplicidade de nosso coração.

Existe, de fato, um poder que faz, até certo ponto, todo mal possível; mas esse poder não é amaldiçoado por Deus (de outro modo não existiria): é o que Deus dá a toda criatura inteligente para que possa escolher entre os baixos instintos de uma natureza limitada ou presa às necessidades terrenas. Ninguém pode amar o mal pelo mal; encontramos na origem de todos os vícios a ignorância e o erro. Quando se faz o mal é para realizar um bem. O atrativo da desobediência é o amor à liberdade.

A liberdade! Eis aqui o poder que explica o mal e o torna necessário.

Liberdade, que poderia se chamar a divindade do homem, é o mais belo, o mais soberbo e irrevogável dos dons do Criador. A liberdade não pode ser violentada por Deus sem que este negue a si mesmo. É preciso conquistar a liberdade com luta, quando não a possuímos como suprema autocracia. A liberdade é uma vitória e, consequentemente, precisa do combate.

O atrativo fatal contra o qual se luta não é um mal; ele é necessário; é força cega que deve ser submetida à força que procede de Deus, e que Deus mesmo nos dá como um reino ou suplício (atividade motriz da qual é mister que nos apoderemos para dirigi-la, sob pena de sermos pulverizados por ela, moinho em que seremos grão se não desejarmos ter valor e habilidade para sermos proprietários e moleiros).

Teólogos do demônio, supondes que Satã é livre? Se ele é, ainda pode voltar ao bem; se não for, não será responsável por seus atos, mas apenas instrumento de alguém mais forte que ele, um escravo da justiça divina; fará tudo o que Deus quiser. Deus, para prová-lo, faz que ele tente e torture suas débeis criaturas. Então, Satã não é o monarca das trevas: é o agente da luz velada. Logo, é útil a Deus; executa as obras de Deus; Deus não o arrojou longe, posto que o mantém sob sua mão. Assim, aquele que é reprovado por Deus, por ele é rechaçado para sempre. O agente de Deus é o representante de Deus, e, segundo as leis da boa política, o representante de Deus é o próprio Deus.

Que é, pois, em última análise, o diabo? O diabo é Deus fazendo o mal. Definição tão rigorosa quanto revolucionária, porque afirma o impossível. Digamos melhor: o diabo é a negação do que Deus afirma. Bem, Deus afirma o ser, o diabo afirma o nada. Porém o nada não pode afirmar nem ser afirmado, pois é apenas uma negação, de modo que, se a definição última de Deus, segundo a Bíblia, é essa: "O que é", a definição de diabo deve ser necessariamente: "O que não é".

Dissemos bastante contra o ídolo negro, contra o falso deus dos persas e dos maniqueus, contra o Satã colossal e quase onipotente com que ainda sonha a superstição. Resta examinar o Satã, Chefe dos *Egrégoros*, o anjo caído que guarda um resto de liberdade, uma vez que, como seu juízo definitivo ainda não foi pronunciado, disso se aproveita para arrastar os débeis, como se esperasse diminuir seu pecado pelo número de cúmplices.

Não encontramos nada no Gênesis nem em toda a Bíblia que faça alusão a pecado e queda dos anjos; para encontrar referência a isso, necessita-se recorrer ao livro apócrifo de Enoque. Esse livro, evidentemente anterior à época cristã, posto que citado pelo apóstolo São Judas, era de grande autoridade entre os primeiros cristãos. Tertuliano citava-o com estima, não sendo, no entanto, capaz de compreendê-lo, porque esse gênio duro e áspero era completamente estranho aos mistérios da cabala, conservados apenas pela escola joanita, mas alterados e profanados pelos erros do gnosticismo.

Os cabalistas referiam as ideias absolutas ao valor numérico e hieroglífico das 22 letras do alfabeto primitivo que se acredita ter sido o dos hebreus. A cada uma dessas letras se assimilava um gênio; cada letra é um ser vivente, um anjo. Os que estão familiarizados com a poesia oriental compreenderão essa linguagem figurada. Contudo, é próprio do vulgo tomar tudo ao pé da letra e materializá-lo; bem, entre tais letras, duas representam a divindade, a saber: a primeira e a última, *Aleph* e *Tau*, em grego *Alfa* e *Ômega*, e em latim a e z, de onde se formou o nome *Azoth*, que, em filosofia oculta, é a expressão do absoluto.

O livro de Enoque nos conta que existiram *Egregores*, isto é, gênios que nunca dormem, chefes de multidões, e que vinte desses gênios se separaram de seu princípio para se deixarem cair.

Eis o obscurecimento da verdade no mundo. Os números se separam da unidade original e final. As letras de luz se convertem em letra de sombra... E por quê?

As filhas dos homens eram formosas, e os anjos do céu sentiram-se desejosos de seu amor.

A ideia, então, identificou-se na forma, e o princípio de sua beleza, embriagando-se na própria beleza, esqueceu seu começo e seu fim.

Os anjos caídos congregaram-se em torno do chefe *Samiaxas* sobre elevada montanha, logo chamada de montanha do Juramento, porque os egregores se uniram através de um juramento sacrílego.

Uma montanha representa, simbolicamente, um centro de ideias. O Horebe, o Sinai, o Sião, o Tabor, o Calvário, o Olimpo, o Parnaso, o Vaticano, a Montanha revolucionária, todos esses são, ao mesmo tempo, realidades e alegorias.

Alguns nomes dos anjos são hebreus, e outros, persas, porque Zoroastro e Abraão se dão as mãos nesse livro misterioso.

O décimo	é Samiaxas.
O nono	é Artakuph.
O oitavo	é Arakiel.
O sétimo	é Kababiel.
O sexto	é Oramammé.
O quinto	é Ramiel.
O quarto	é Siupsick.
O terceiro	é Zalchiel.
O segundo	é Balchiel.
O primeiro	é Azazel.

Bem, com a inversão dessa hierarquia, o último deve, necessariamente, suplantar o primeiro: Azazel destrona Samiaxas e chega a ser o chefe dos demônios da primeira dezena, porque o número dez, sendo a síntese dos números na unidade, representa a multidão, e sabe-se que no Evangelho o diabo é denominado legião.

Por que o primeiro, o segundo, o quinto e o sétimo *egregores* têm nomes persas e profanos?

Porque os verdadeiros nomes pertencem aos anjos fiéis e não podem convir aos espíritos caídos, tendo em vista que a unidade, o binário, o ternário e o setenário são as chaves dos números sagrados.

Há uma segunda dezena de espíritos caídos, que são as sombras das sombras, produtos da revolução intelectual.

O primeiro ou o undécimo chama-se Pharmarus.

O segundo ou o duodécimo chama-se Amariel.

O terceiro ou o décimo terceiro chama-se Thanzael.

O quarto ou o décimo quarto chama-se Anaguemas.

O quinto ou o décimo quinto chama-se Samael.

O sexto ou o décimo sexto chama-se Sayinas.

O sétimo ou o décimo sétimo chama-se Ehumiel.

O oitavo ou o décimo oitavo chama-se Tyriel.

O nono ou o décimo nono chama-se Jamiel.

O décimo ou o vigésimo chama-se Sariel.

O significado desses nomes é análogo às letras sagradas, todavia em sentido contrário, isto é, expressam o contrário do que afirmam os números puros.

Esses espíritos se materializam, tomam formas carnais para se unir às belezas humanas; e delas nascem os criminosos e gigantes parecidos com os Titãs das fábulas, que empilhavam as montanhas para atingir o céu; quer dizer que o espírito absorvido pela matéria exagera o valor da matéria e da forma, fato que aconteceu no mundo antigo e ainda ocorre, desgraçadamente, em nossos dias.

Azazel, feito rei do mundo, nega a Deus e aparta a ciência perigosa e a guerra. Ensina aos homens o uso do ouro, das pedrarias e do ferro; fabrica as joias para as mulheres e as armas para os homens; os homens disputam entre si o ouro e as mulheres; utilizando lanças e espadas, reúnem o coquetismo e o duelo. O que devia ser o anjo do reino tornou-se o anjo da anarquia; os homens, em lugar de civilizar-se, lutarão para que as mulheres apareçam magnificamente adornadas.

O undécimo anjo, que no Tarô corresponde à força, ensinou aos homens a arte das fascinações e dos prestígios, que são o engodo da força. O nono, correspondente ao número da iniciação, ensina-lhes a fazer caírem as estrelas do céu, isto é, a deslocarem as mais luminosas verdades e arrastarem-nas na corrente do erro. Os homens aprenderam a adivinhar pelo ar, pela terra e pelos demais elementos, em lugar de acreditarem na luz do Sol. Consultaram-se os oráculos sob os pálidos raios da Lua, e foi o sétimo anjo, o da luz de sete cores, que se fez apóstata de si mesmo, ensinando, assim, a crença nas inspirações variáveis da claridade noturna. Então as mulheres foram iniciadas nos grandes mistérios, e os homens, havendo rompido todos os laços da sociedade e da hierarquia, foram impelidos pela rivalidade e pelo desejo desenfreado a devorarem-se uns aos outros. Então, os mais débeis lançaram gritos de angústia para o céu, e os quatro anjos da harmonia, aqueles que representam as letras do tetragrama divino: Miguel, o anjo da letra *yod*, o gênio do pai, a força criadora ativa; Gabriel, o anjo da letra *he*, o representante da mãe, a força criadora passiva; Rafael, o anjo da letra *vau*, o gênio do trabalho criador; e Uriel, o anjo do fogo gerador, comovidos pelo grito queixoso dos homens, acorreram ao pé do trono de Deus e suplicaram que fizesse cessar as espantosas desordens da Terra. Foi aí que Deus lhes anunciou seu desígnio de purificar o mundo pelo dilúvio, a fim de suprimir a raça maldita dos gigantes. E, procurando como salvar os oprimidos, viu também que eram covardes e culposos e não encontrou senão a família de Noé como digna de receber a graça do Senhor.

E Deus disse a Rafael, o anjo da verdadeira ciência e da pura iniciação, aquele que governa o planeta Mercúrio, o gênio sagrado do triplo Hermes: "Apodera-te de Azazel e arroja-o, atados os pés e as mãos, nas trevas. Colocar-lhe-ás uma venda nos olhos, a fim de que não veja nenhuma luz daqui por diante; depois, golpeando a terra com o pé, abrirás um abismo no deserto de Dudael e ali o precipitarás nas rochas abruptas e nos picos da pedra, e ali restará ele para sempre.

"Depois, quando chegar o dia do juízo final, será chamado a responder pelos seus crimes e condenado ao fogo eterno.

"Quanto a ti, faze conhecer à terra os meios de cura, ensina-lhe a medicina para as suas pragas. Volta para o lado da verdade as revelações de Azazel que ocasionaram tantos pecados entre os homens".

Mais adiante, o autor do livro de Enoque acrescenta esta notável passagem: "As almas dos gigantes nascidos de uma aliança monstruosa são metade espirituais e metade materiais; a origem impura delas os torna malfeitores, e eles são os espíritos de malícia que vagabundeiam na atmosfera. Inimigos naturais da justiça, formam e projetam as correntes impuras. Vivem sem alimento e não tocam a carne dos sacrifícios. Produzem as visões e os fantasmas, porém estão sujeitos a cair e a diminuir-se. Morreram e deverão ressuscitar com os demais filhos do homem".

Eis, indubitavelmente, uma espantosa revelação para os invocadores de espíritos e os aficionados às mesas falantes. São o que chamamos, em obras precedentes, de larvas e vampiros, coagulações e projeções malsãs da luz astral; de acordo com o livro de Enoque, seriam essas as almas híbridas e monstruosas, formadas do comércio dos *egregores* com as prostitutas do mundo antigo; as almas dos gigantes exterminados pelo dilúvio, exalações mórbidas da terra e da baba da serpente Píton.

Devem-se estabelecer três observações importantes sobre essa lenda evidentemente antiga:

1ª) Que os fatos relatados são alegóricos, como o são no Apocalipse, no pastor de Saint Hermas e nos contos do Talmude. São metamorfoses no estilo de Ovídio. Os seres, quaisquer que sejam, não podem mudar sua natureza: um homem pode enamorar-se de uma linda pomba, porém jamais se converter em pombo; e, se o conseguisse, não se deduziria daí que a pomba deveria gerar avestruzes. É preciso dizer-se outro tanto dos pretensos anjos, espíritos imateriais, que haviam desejado as mulheres até o extremo de se transformarem em homens e procriaram gigantes.

2ª) Que nesse relato não se supõe que os anjos tenham querido destronar a Deus e se tenham sublevado contra Ele, ideia monstruosa e importada dos Titãs da mitologia grega. Os Titãs podiam, com efeito, escalar o Olimpo; no entanto, quem pode imaginar os anjos subindo para assaltar o infinito?

3ª) Por fim, que o gênio da falsa ciência (feito homem, não o esqueçamos) é atirado, antes do dilúvio, atados os pés e as mãos e com os olhos vendados, num abismo, onde deve permanecer até o dia do juízo final. Nada há, pois, de comum entre o Satã, que percorre a Terra para tentar os homens, e o livro de Enoque. Ainda que fosse canônico e não apócrifo, não provaria absolutamente nada em favor do diabo moderno.

Falou-se de Satã no Livro de Jó, mas ali ele não desempenha o papel de anjo precipitado do céu e atirado para sempre longe da presença de Deus. É uma espécie de acusador público que tem seu lugar entre os Beni-Elohim, isto é, entre os filhos dos deuses. O Senhor fala com ele, confia-lhe missões e interroga-o. Percorre a Terra e regressa a Adonai para prestar-lhe contas do que viu. Deus ordena-lhe que ponha Jó à prova e dota-o de todas as calamidades. Satã faz todo o mal possível a esse homem justo. Jó triunfa da prova, e Deus recompensa-o; Satã, porém, não sofreu nem castigo nem censura: apenas obedeceu a Deus.

Por outro lado, o livro do Jó é uma alegoria cujo objetivo é demonstrar que o mal constitui a prova da virtude. Os personagens desse poema oriental são simbólicos; os próprios nomes são indicativos disso. Jó é o afligido; Satã é a prova em geral e, em particular, a calúnia. Os fatos narrados são absurdos como nas fábulas, mas seu sentido filosófico é muito belo. Não há nisso algo de que se possa inferir a existência de um personagem real chamado Satã. No Gênese de Moisés, a serpente é que tenta a mulher; porém essa serpente, nos mitos sagrados da Antiguidade, representa, por vezes, o fogo, outras vezes o fluido vital: a força ondulante da vida terrestre. Na mitologia grega, Vulcano, Deus do fogo, irrita Júpiter com sua fealdade, e o senhor do Olimpo aterra-o com um pontapé. É o marido de Vênus, aquela que tenta e seduz os mortais;* habita um antro cheio de chamas, onde se ocupa em forjar armas e raios, preparando, assim, a guerra e as tempestades.

No Evangelho, Jesus pronuncia este oráculo profundo da sabedoria eterna: "O diabo é falaz, bem como seu pai".

O diabo não saberia, portanto, ser uma criatura de Deus, pelo menos na qualidade de diabo.

Logo, quem pode ser o pai do diabo? O pai do diabo é a mentira. É a mentira e o pai da mentira.

Em sua oposição a Ele, merece ser chamado "o que não é" e, todavia, possui existência real.

Expliquemos essa aparente contradição: ele não existe nem poderia existir como personalidade única e poderosa.

O inferno é a anarquia, e não há outro rei dos infernos senão a ficção do deus negro, tal como a explicou o rabi Shimon.

Satã não é o Ahriman dos persas, nem o deus do Mal dos maniqueus; jamais foi um anjo de luz. Sua luz é a alucinação dos malvados.

Nunca foi um gênio, posto que é imensa loucura.

---

* Na fase áurea do Império Romano, a Estrela da Manhã, Vênus, era chamada de Lúcifer (N. dos TT.)

Todavia, é uma força imensa, cuidadosa, astuta, que toma mil formas, penetra em toda parte, ora ameaçadora, ora aduladora, no entanto sempre fatal; uma força que Deus criou quando quis engendrar a liberdade, ainda que tal força leve fatalmente à escravidão; uma força que se personifica no número daqueles que se escravizam voluntariamente. No Evangelho, descobre-se que o Salvador pergunta-lhe pelo nome, e que este lhe responde: "Eu me chamo Legião, porque somos uma multidão".

O diabo é a besta, ou melhor, a bestialidade que inspira a loucura: é o *magnetismo do mal*, a fatal atração.

Esse magnetismo do mal faz com que todos os súditos do reino das trevas, ou melhor, da anarquia tenebrosa, se espalhem sem se falar de um extremo a outro do mundo. Também extravia os pagãos perseguidores dos cristãos, mas não os cristãos perseguidores do livre-pensar. Chama-se Nero e Torquemada, Proudhon e Veuillot. Fornece ao Papa falsos profetas aos partidários da moral independente. É polemista com Littré, espiritista com Allan Kardec, demonólogo com os senhores M. de Mirville e Gougenot des Mousseaux. A coisa que mais lamenta são as realizações do Comitê de Saúde Pública, as fogueiras de São Domingos e de Pio V. Preside em duas fases diferentes os Congressos de Malinas e de Gênova, porque é impalpável em suas transformações prontas e ilusórias. Impulsiona os insensatos e trata de paralisar os sábios. Sua característica são sempre a malícia e a estupidez. Ama do mesmo modo o anarquismo e o despotismo; detesta, acima de tudo, a razão. Quer que Desbarreaux seja ateu contanto que Pascal seja jansenista. É santarrão diante de Ravaillac e de Damiens, com matizes diferentes; filósofo com Robespierre e Marat. É a serpente de mil cores e anéis; por qualquer coisa desliza o dardo móvel e a cabeça chata. Baba sobre tudo o que é puro; despedaça tudo quanto é belo; atrai para si todas as vergonhas e todas as deformidades. Segue os homens por todas as partes, encontra-se em todas as partes; diria-se que o mundo inteiro é seu. É mais horrível que o horror, mais espantoso que a consternação, mais cadavérico que a morte. É o pai dos pesadelos, o rei das visões traidoras; é um pigmeu, um gigante. Aqui é um Tifeu de mil cabeças; ali, um Escorpião quase invisível que desliza sob vossos pés. Callot e Goya adivinharam apenas pela metade suas grotescas transfigurações. Dante não o sentiu com intensidade suficiente, e os que esculpiram os pórticos de vossas catedrais não lhe conseguiram expressar toda a fealdade. Quem aprofundará jamais o fundo da loucura? A quem a febre disse a última palavra? Dai ao azougue um corpo de dores e de torturas e dizei-me até onde poderão chegar no impossível suas horrorosas proporções. Então vos responderia: "Eis ali o diabo, eis ali o pontífice da magia negra; eis ali aquele que os feiticeiros invocam e que lhes aparece prometendo-lhes tesouros para arrojá-los no abismo!".

A força magnética, esse veículo tão poderoso do pensamento e da vida, foi posta pela natureza a serviço do homem: nossas virtudes ou nossa perversidade reunidas determinarão sua trajetória. A serpente sagrada de Esculápio tem a mesma forma simbólica que as serpentes de Tisífone (a primeira das Fúrias) e de Moisés, que nos relata como a serpente introduziu o pecado e a morte no mundo, e que fez uma serpente de cobre para curar os que morriam no deserto em decorrência das mordeduras daquelas.

O dogma católico, quer dizer, universal, ainda não foi formulado pela Igreja, a não ser como enigma. É aceito, mas não compreendido, nem mesmo pela própria fé, porque se impôs sem aceitar o concurso livre da razão. Às vezes, até parece contradizer a ciência, porque ainda não se aprendeu a distinguir entre a história, as alegorias e as metáforas místicas. Se me é dito que uma Virgem chegou a ser mãe sem deixar, por isso, de ser virgem, que um menino saiu dela, como um raio emanado de um sol, sem quebrar o cristal puro, inclino-me e creio, admirando tal virgem; porém, não posso, salvo no caso de ser um idiota, acreditar que se trate de um menino material e natural, porque sei que isso é impossível. Quando a Bíblia me diz que as montanhas saltaram como carneiros e as colinas como cordeiros, não o tomo ao pé da letra. Quando encontro nela que Josué deteve o Sol (ai, e por isso condenaram Galileu!), compreendo que se trata de uma expressão da poesia oriental para expressar que os prodígios de valor dos hebreus, naquele dia, duplicaram ou triplicaram a jornada. Talvez, Napoleão I não esteve muito longe de crer que na jornada de Austerlitz governara o Sol.

Se lemos no símbolo de Niceia que o Filho de Deus nasceu do Pai antes de todos os séculos e, ao mesmo tempo, nos ensina que Ele é eterno como o Pai, devemos compreender que o nascimento em questão em nada se assemelha a tudo quanto possamos entender como natural e material nessa palavra, pois o nascimento, nesse caso, não pode ser senão um princípio. Se, em seguida, encontramos no mesmo símbolo que o próprio filho de Deus desceu dos céus para salvar os homens, devemos imaginar que aquilo que desce é o infinito? Por acaso, em relação a Deus, o céu está em cima, e a terra, embaixo? As expressões da fé não guardam, pois, nenhuma relação com as da ciência, e as mesmas palavras, quando empregadas pelo dogmatismo, não querem dizer as mesmas coisas.

A Igreja, em seus ofícios, empregando as palavras do profeta Davi, chama o diabo de flecha que voa durante o dia e de inominado que passeia à noite. E ainda o chama de corrente impetuosa e gênio do grande calor (*ab incursu e daemonio meridiano*); São Paulo disse que devemos combater as potências de nossa atmosfera (*potestates aeris hujus*).

Não é esse um modo de designar claramente forças e não pessoas? E que nos importa, depois de tudo, que a Igreja, em seus exorcismos, fale ao demônio como a uma pessoa capaz de ouvi-la? O mar e o vento também são pessoas? Pois bem, vemos no Evangelho que Jesus Cristo falou-lhes dizendo: "Vento, cala-te! Mar, acalma-te!", e que, no mesmo instante, como se o vento e o mar fossem capazes de ouvi-lo e de obedecer-lhe, produziu-se uma calma completa.

O Evangelho que São João chama Evangelho eterno não é senão a história de um homem chamado Jesus, a história simbólica do Filho de Deus, a lenda do Verbo eterno. As estrelas do céu escreveram-na antes do nascimento dos homens, e os Magos leram-na quando vieram adorar a realidade vivente. Os hieróglifos do Egito estão cheios dela. Ísis amamentando Hórus é doce como a Virgem-mãe e coroa-se também de estrelas, com a Lua sob seus pés. Os sábios da Índia adoram Devaki ofertando seu casto seio a Krishna; escreveram também seu evangelho. A história de Krishna e de Cristo parecem idênticas. Encontram-se na fábula indiana a serpente de Moisés e os feitos do Salvador contra Satã. O Evangelho é o Gênese eterno da liberdade; é o espírito triunfando pela doçura das brutalidades da matéria. É a descrição e a condenação do reino efêmero de Satã, quer dizer, da mentira e da tirania. Em nosso livro intitulado *A Ciência dos Espíritos* demonstramos tal verdade, comparando o texto dos Evangelhos canônicos com o dos Evangelhos apócrifos. Vamos completar nosso trabalho mostrando aqui as passagens mais notáveis dessa maravilhosa fábula indiana que estamos tentados a chamar de Evangelho de Krishna.

A LENDA DE KRISHNA – EXTRATO DO BHAGAVAD GITA, LIVRO CANÔNICO HINDU

Capítulo I

A CONCEPÇÃO

A alma da terra queixava-se a Brahma dizendo-lhe: "A raça dos gigantes (os filhos da impiedade) multiplicou-se até o infinito.

"O orgulho deles é insuportável, e eu gemo na opressão, sob o peso de sua iniquidade: Vem em meu socorro, ó Brahma!".

Então Brahma, acompanhado de todos os deuses, transladou-se para perto daquele mar misterioso, cujas ondas são de leite e sobre o qual Vishnu repousa na glória e na beatitude.

De pé sobre esse mar resplandecente de brancura, Brahma meditava e se adorava na divina Trimurti; depois, revelando os mistérios da vontade suprema, disse: "Vishnu, torne-se homem".

Então a serpente Scissia fez ouvir seu silvo, e Brahma lhe disse: "Tu te farás homem a fim de perpetuar tua glória e triunfará de ti, bem como da fatalidade, tua irmã.

"Ele será chamado Krishna, isto é, Azul, porque será filho dos céus.

"Sábios e patriarcas, retornai à terra para adorá-lo; fazei-vos pastores, porque será um pastor".

Oh! Quem poderá falar dignamente das ações de Deus? Os que compreendem essa história divina estão como submergidos num oceano de delícias. Os males deste mundo e os que deverão vir nada poderão contra eles. Este Homem-Deus, de grandes olhos cheios de majestade, se adianta; o sorriso debuxasse-lhe nos lábios, um sinal é visto no meio de sua fronte, e seus cabelos anelados flutuam sobre seu seio. Os que viram seus olhos uma vez não querem deixar de contemplá-los.

Seja esta imagem gravada em todos os corações! Possa a lembrança deste Deus, deste pastorzinho, criado entre bois e ovelhas, estar presente em todos os espíritos do céu e da terra!

Capítulo II

A NATIVIDADE

Kansa, rei de Madura, tendo-se inteirado de que a formosa Devaki, esposa de Vasudeva, devia dar ao mundo um menino que reinaria algum dia em seu lugar, resolveu matar o menino tão logo Devaki desse à luz.

Todavia, chegado o tempo, Vishnu iluminou Vasudeva com sua luz, que se refletiu e se concentrou no casto seio de Devaki.

Devaki concebeu, então, a criança de modo celestial e sem as obras ordinárias do homem.

Kansa aprisionou-a, mas quando chegou a hora do nascimento de Khishna a prisão foi aberta por si mesma, e o

Menino-Deus, transportado ao estábulo de Nandem, no meio dos pastores.

Brahma, Shiva e os demais deuses acorreram e adoraram-no naquele humilde asilo e o cobriram de flores. Os anjos Gheadarouver cantavam, dançavam e davam concertos com os mais melodiosos instrumentos. Todas as estrelas e planetas tinham aspecto feliz. Vasudeva prosternou-se diante daquele filho divino, adorou-o e lhe disse: "Ó Engendrado por Brahma e que nascestes entre nós, eis que estais aprisionado num corpo formado pelo destino e submetido aos acidentes da matéria, vós que sois imaterial e inacessível à morte, eis que chega a hora em que Kansa vem vos matar, fazei que possamos vos salvar a vida e salvar-nos a nós mesmos!".

Devaki recitou quase a mesma prece; então Krishna abriu a boca e falou. Confortou seus pais, revelou-lhes altos destinos e, tendo-lhes prometido beatitude eterna, recomendou-lhes silêncio e se comportou como as demais crianças.

Capítulo III

O MASSACRE DOS INOCENTES

Todavia, Kansa, prevenido da liberdade de Devaki, correu à prisão e acreditou vê-la ali recostada, com o menino perto de si; um asno próximo começou a zurrar, e o tirano acreditou que aquele era um aviso do céu. Desembainhou a espada; Devaki disse-lhe, em vão, que aquilo que ele acreditava ser um menino era uma menina; Kansa arremessou-o para o alto e levantou a espada para recebê-lo com a ponta dela; porém o menino, agarrando-se à sua cabeça, gritou-lhe: "Sou a Fatalidade, treme, teu futuro vencedor ocultou-se num retiro inacessível e daqui por diante, até a hora do castigo, ficarei suspenso sobre ti".

Kansa teve medo e se prosternou aos pés de Devaki, oferecendo-lhe presentes e deixando-a em liberdade para que se retirasse com Vasudeva para onde quisesse. Enquanto isso, Krishna crescia e permanecia oculto.

Kansa, torturado pelo temor, enfureceu-se e ordenou em todos os seus estados a degolação dos meninos recém-nascidos.

Somente o jovem Krishna escapou aos assassinos. Os gigantes do mal, por seu lado, também se conjuravam para sua perdição. Um dia vieram sob a forma de um carro terrível que girava com ímpeto e intentava esmagá-lo. Krishna antepôs-lhe o pé, sorrindo, e logo que seu pé tocou no carro toda a máquina horrível se desfez, e os restos caíram em torno do divino menino sem tocá-lo.

Outro gigante, correndo com a velocidade do vento, arrebatou Krishna, colocou-o sobre suas espáduas e o levou para o meio do mar para afogá-lo, porém o divino menino fez-se tão pesado que o gigante, curvado sob tal peso, afogou-se, e Krishna volveu à terra, caminhando sobre a água.

Capítulo IV

HISTÓRIAS DA INFÂNCIA SIMILARES ÀQUELAS DO EVANGELHO

Krishna, na infância, querendo se parecer com os outros filhos dos homens, fazia, às vezes, travessuras que assombravam os próprios pais, as quais, no entanto, sempre terminavam favorecendo alguém. Assim, apoderou-se, um dia, das roupas de várias jovens que se banhavam, as quais, para recuperá-las, tiveram que permanecer imóveis, com os olhos elevados ao céu e as mãos unidas sobre a cabeça. Desse modo, fê-las envergonhar-se de sua imodéstia, ensinando-lhes, ao mesmo tempo, a atitude da prece.

Apoderava-se do leite e da manteiga dos ricos para dá-los aos pobres. Um dia, a fim de castigá-lo por essas ações, prenderam-no à mó de um moinho; ele quebrou a cadeia, levantou a mó e lançou-a contra duas grandes árvores, que se romperam com o choque. Daquelas duas árvores saíram dois homens que adoraram o menino e lhe disseram: "Louvado sejas, ó nosso salvador! Somos Nalaconben e Manicrida, que por nossas faltas estávamos encerrados nessas árvores; para que fôssemos libertados, era necessário que um Deus viesse rompê-las".

Num outro dia, o fogo assoberbou as franças do arvoredo e das messes; o jovem Krishna entreabriu a boca, sorrindo, e aspirou suavemente a chama. O fogo inteiro, separando-se da terra, extinguiu-se nos lábios vermelhos de Krishna.

Brahma, para prová-lo, ocultou o gado confiado à sua custódia. Krishna fez ovelhas de barro e animou-as. Brahma declarou-se vencido e devolveu-lhe o gado que escondera e proclamou-o o criador e dono de todas as coisas.

Pouco tempo depois, os animais e os pastores, após beberem a água do rio de Colinady, morreram, porque Nakuendra, rei das serpentes, tendo sido vencido por Gueronda, príncipe dos Misans, havia-se refugiado nas águas daquele rio. Krishna desceu ali; em seguida, o rei das serpentes precipitou-se sobre ele e envolveu-o em seus anéis, porém Krishna se livrou deles, obrigando o réptil a curvar a cabeça; subindo nela, começou a tocar flauta. No mesmo instante, pastores e reses mortos tornaram à vida. Vishnu outorgou graça à serpente. Depois de perder o veneno, ela não podia mais causar mal a ninguém. No entanto, Vishnu ordenou-lhe que se retirasse para a ilha de Ratnagaram.

Capítulo V

O BATISMO

Devendra, deus das águas, crendo que Krishna era a causa de não lhe prestarem as honras devidas, fez chover durante sete dias e sete noites, a fim de submergir as campinas dos pastores, mas Krishna ergueu com uma só mão a montanha de Gavertonam e a interpôs entre o céu e a terra. Devendra reconheceu, então, ser impotente, prosternou-se diante de Krishna e disse-lhe: "Ó Krishna, sois o Ser Supremo, não tendes nem desejo nem paixão; todavia, praticais ações como quem as experimentou! Protegeis aos justos e castigais aos maus. Em um de vossos momentos, um número infinito de Brahmas já passou. Salvei-me, vós, cujos olhos possuem a doçura da flor do tamarindo!". Krishna sorriu e respondeu-lhe: "O príncipe entre os deuses! Humilhei-te para te fazer maior. Porque eu rebaixo aquele que pretendo salvar; sê doce e humilde de coração!".

Devendra disse então: "Tenho ordem de Brahma de consagrar-te e reconhecer-te Rei dos Brâmanes, pastor das vacas e Senhor de todas as almas que cultivam a paz e a mansidão".

Depois se levantou, deu-lhe a santa unção e chamou-o de pastor dos pastores.

Capítulo VI

CÂNTICO DOS CÂNTICOS

Krishna tocava a flauta pastoril, e todas as jovens o seguiam. Para ouvi-lo, as jovens abandonavam a casa dos pais.

E Krishna lhes dizia:

"Ó mulheres! Não temeis a cólera de vossos esposos? Jovens, não temeis os reproches de vossos pais? Regressai para aqueles que devem estar ciosos de vosso amor".

E as mulheres diziam, e as jovens respondiam:

"Se abandonássemos por um homem nossos pais e nossos esposos, seríamos criminosas, porém como poderiam os mortais estar ciosos do amor que nos arrasta para um Deus?".

Então Krishna, ao ver quão puros eram seus desejos, deu-lhes toda ternura. Satisfê-las de seus divinos abraços, e todas se foram felizes ao mesmo tempo; cada uma delas acreditava, no entanto, ser a única companheira fiel e a casta esposa de Krishna.

Capítulo VII

A TRANSFIGURAÇÃO

Por ocasião de um sacrifício deviam ser celebradas grandes festas em Madura. O rei Kansa convidou Krishna para elas, quando pensava em matá-lo.

O gigante Acrura veio até ele com o carro, e Krishna não se recusou a subir nele.

O rio Emuney achava-se no caminho, e Acrura, tendo descido para se banhar, viu Krishna no espelho das ondas que resplandecia de pura claridade. O Deus tinha na fronte um diadema triplo. Seus quatro braços estavam carregados de braceletes de pérolas. Olhos resplandecentes brilhavam como pedrarias no corpo todo, e as mãos estendiam-se por todas as partes até os limites do Universo. O coração de Acrura modificou-se e, quando encontrou Krishna tranquilamente sentado em seu carro, adorou-o sinceramente e desejou que pudesse escapar às armadilhas que lhe preparava o velho Kansa, e que saísse definitivamente vitorioso das provas mais perigosas.

Capítulo VIII

A ENTRADA TRIUNFAL

Krishna entrou na cidade real de Madura. Estava pobremente vestido, como o estão ordinariamente os pastores, e encontrou escravos que levavam as vestimentas do rei numa carruagem. "Vestes reais são as minhas", disse Krishna, porém os escravos zombaram dele.

Krishna estendeu as mãos, e eles caíram mortos; a carruagem tombou, e as vestimentas reais foram colocar-se aos pés de Krishna por si mesmas.

Então todos os habitantes da cidade acorreram a oferecer-lhe presentes. Vasos de ouro e prata, as mais preciosas joias semeavam o caminho que ele deveria percorrer; não se dignou, todavia, a descer para recolhê-las. Um pobre jardineiro chamado Sandama aproximou-se, por sua vez, e ofereceu-lhe suas flores mais formosas. Então o Deus se deteve, recebeu aquela oferenda do pobre e perguntou o que desejava ele em troca. "Peço que teu nome seja glorificado", disse Sandama. "Peço, acrescentou, que o mundo inteiro te ame e, naquilo que me diz respeito, suplico que me faças cada vez mais sensível às queixas dos desgraçados." Krishna percebeu que amava Sandama e foi descansar algumas horas na casa dele.

Capítulo IX

KRISHNA TRIUNFA DE TODOS OS GIGANTES

Kansa morreu querendo matar Krishna, e o jovem Deus livrou o pai de Kansa da prisão, restituiu-lhe o reino que o filho lhe usurpara, depois regressou à solidão e entregou-se ao estudo dos Vedas; os gigantes moveram-lhe guerra e foram vencidos sem nenhuma exceção.

Um dia, rodearam com fogo a montanha para onde ele se retirara, sitiando-a com inumerável força; Krishna elevou-se sobre as chamas e, fazendo-se invisível, passou pelos inimigos e retirou-se para outro lugar.

Todavia, estava escrito no céu que Krishna devia morrer a fim de expiar os pecados da raça. Seus pais eram da tribo dos Yadawers, que devia chegar a fazer-se numerosa até cobrir a superfície do mundo. No entanto, orgulhosos de seu número e de suas riquezas, insultaram os profetas de Yxora, e o Deus temível fez cair no meio deles um cetro de ferro, dizendo-lhes: "Eis a vara que quebrará o orgulho e as esperanças dos Yadawers".

Consultaram Krishna, que lhes aconselhou a derreter e a transformar em pó a vara de ferro. Fez-se assim, e a vara de ferro foi arrojada às águas. Uma parte pontiaguda dela escapou à dissolução e foi abocanhada por um peixe, que, ferido, se deixou apanhar por um pescador, que retirou o anzol e armou com ele a ponta de uma flecha; e tudo isso foi feito pela vontade dos deuses, que, para a salvação do mundo e a liberação de Vishnu, preparavam a morte de Krishna.

Capítulo X

DISCURSO ANTES DA PAIXÃO

Diz-se também que uma mulher feia e informe, levando um vaso perfumado de alto custo, verteu o conteúdo dele na cabeça de Krishna. Em seguida, a fealdade da mulher desapareceu, sumiram-lhes as deformações, e ela se foi, dotada de muita formosura.

Aproximava-se, no entanto, a hora do grande sacrifício; os prodígios apareceram no céu e na terra. Os mochos gritavam em pleno dia; os corvos grasnavam durante a noite; os cavalos vomitavam fogo; o arroz verde germinou; o sol tingiu-se de muitas cores.

Krishna ameaçou os Yadawers com uma destruição próxima e aconselhou-os a abandonar a cidade, escapando aos tormentos que iriam sofrer; porém não o escutaram e, tendo-se dividido, armaram-se de paus pontiagudos como facas, nascidos da barra de ferro reduzida a pó e atirada às águas. O cetro do despotismo pulverizara-se, mas de seu pó nascera a guerra civil e a anarquia.

Krishna tinha um discípulo favorito chamado Ontaven. O discípulo pediu-lhe algumas instruções de que pudesse se recordar, e Krishna lhe disse: "Em sete dias a cidade de Danvareguay será destruída. Vai começar o Kali Yuga. Nessa nova era, os homens serão malvados, mentirosos e egoístas. Serão débeis de corpo, enfermiços e de vida curta; assim, abandonai completamente o mundo e retirai-vos para a solidão na qual pensareis sempre em mim; abandonareis os prazeres do mundo e enobrecereis vossa alma por meio da meditação concentrada. Aprendei a viver com o pensamento, sabei que o Universo está em mim e que existe tão somente por mim; triunfai de Maya, que é a ilusão das aparências; procurai a amizade dos sábios, que estou em vós e vós estais em mim. O que renuncia à vaidade do mundo pela verdade que a sabedoria concede atrairá a si a luz divina. Seu coração será puro como a água e refletirá a minha imagem.

"Renunciai ao desejo de propriedade de coisas temporais: é o primeiro passo no caminho da perfeição; por meio desse desligamento absoluto é que as paixões podem ser combatidas.

"A alma é a soberana dos sentidos, e sou o soberano da alma.

"O espaço é maior que os elementos, e sou maior que o espaço.

"A vontade é mais forte que os obstáculos, e sou dono da vontade.

"Brahma é maior que os deuses, e sou maior que Brahma.

"O sol é mais luminoso que os demais astros, e sou mais luminoso e mais vivificante que o sol.

"Nas palavras, sou a verdade; nas promessas, sou eu quem ordena não matar o que vive; na esmola, sou o pão; nas estações, sou a primavera que vivifica; a verdade, a sabedoria, o amor, a caridade, o bem, a oração, os Vedas, a eternidade são minhas imagens".

Tendo Ontaven recebido tais instruções, retirou-se para o deserto de Badary, no Alto Egito.

Capítulo XI

A MORTE DE KRISHNA

Krishna voltou para os Yadawers, que eram de sua raça, e descobriu que se haviam matado mutuamente. O país por eles ocupado era tão somente uma campina coberta de cadáveres. Levantou os olhos e viu voltarem ao céu as almas que amara na terra.

Então, encontrando-se só e triste, arrojou-se ao pé de uma sarça misteriosa que aprofundava na terra as raízes poderosas e retorcia nos altos os ramos recobertos de folhas vermelhas e espinhos. Krishna tombou sobre as raízes do sarçal; um de seus pés estava colocado sobre o outro, e duas de suas quatro mãos estavam estendidas em oração, as demais, unidas para a prece. Assim, alcançou-o uma flecha lançada ao acaso por um caçador; ela veio cravar-se no sarçal aos pés unidos de Krishna. Aquela flecha era a que fora ferrada com o fragmento pontiagudo do cetro quebrado por Krishna. Era a vingança final da tirania e da morte.

Mal expirara quando os tronos injustos desabaram por si mesmos; o corpo dele desapareceu rapidamente. Logo, no entanto, foi encontrado, por milagre, em Geganadam, onde se construiu-lhe um templo em que ele foi adorado posteriormente sob o nome de Jagrenat.

Extraiu-se essa lenda do *Bhagavad Gita*, um dos Puranas, livros sagrados dos hindus aos quais se atribui a mais remota Antiguidade. Dividimo-los em capítulos que mostram as semelhanças que possam ter com nossos Evangelhos, cujo espírito se manifesta completamente no maravilhoso ideal da encarnação divina. Que brâmane degenerado tomará essa poesia sagrada por história? Apesar disso, não aparecerá na Índia nenhum Renan para escrever, colhendo uma coisa e descartando outra, uma vida descarnada e prosaica de Krishna?

TERCEIRA PARTE

A ESTRELA FLAMEJANTE

A estrela flamejante é um símbolo maçônico que representa o absoluto no ser, na verdade, na realidade, na razão e na justiça.

Os mistérios da iniciação maçônica constituem uma lenda misteriosa e muito antiga que dá a entender a alta filosofia dos evangelhos e refere o martírio eterno do justo, sempre oprimido pelo mal e sempre triunfante dele. Nessa lenda, a inveja, a concupiscência e o orgulho formam as três cabeças do gênio infernal; mas esse é o gênio dos homens perversos, representados pelos três traidores. Propomo-nos a falar da lenda de Hiram.

A filosofia maçônica da antiga Cabala representa um protesto contra os cultos que ultrajam a natureza. Seu fundamento é a ordem eterna. Seu princípio, a justiça imutável que preside as leis do Universo; repele as ideias de capricho e privilégio; ensina a igualdade na ordem hierárquica e crê na necessidade dos graus de iniciação e na classificação dos irmãos por ordem de ciência e mérito; admite, enfim, todas as crenças; retificando-as, todavia, através da fé na ordem eterna.

Entre seus símbolos admite a cruz, signo de sacrifício e morte, porém une a ela a rosa, que representa o amor e a vida. O esquadro e o compasso são a precisão unida à justiça. Esquece os dogmas que dividem os sacerdotes e que podem unir os homens. Predica a todos benevolência e caridade.

A maçonaria é o primeiro ensaio de síntese universal e de associação verdadeiramente católica. Sabemos que aqui o nome parece protestar contra a coisa. No entanto, é preciso dar-se conta desse silogismo: os pretensos católicos são os mais exclusivos dos homens, e os maçons livres que, sob o nome de profanos, parecem excluir as maiorias humanas são, na realidade, os únicos partidários sérios da associação universal.

O que seria preciso para reconciliar a maçonaria ao catolicismo? Cessar a maledicência e chegar ao entendimento. Porque ambas as doutrinas, contrárias, não contraditórias, são, no fundo, a dupla solução de um único problema: a conciliação da razão e da fé. Contudo, como conciliar os contrários? Já o dissemos: não os confundindo jamais, mas associando-os e lembrando-se desse axioma da filosofia oculta: a harmonia resulta da analogia dos contrários.

LENDAS MAÇÔNICAS EXTRAÍDAS DE UM RITUAL MANUSCRITO DO SÉCULO VIII

PRIMEIRA LENDA

Salomão, o mais sábio entre os reis de seu tempo, querendo erigir um templo ao Eterno, fez que todos os obreiros necessários à construção fossem reunidos em Jerusalém. Mandou publicar um edito em seu reino, que se difundiu por toda a terra: quem quisesse vir a Jerusalém para trabalhar na construção do templo seria bem recebido e recompensado, com a condição de que fosse virtuoso, zeloso, valoroso e despido de todo vício. Rapidamente, Jerusalém encontrou-se repleta de uma multidão de homens conhecedores das altas virtudes de Salomão e desejosos de inscrever-se nos trabalhos do Templo. Salomão, contando com grande número de obreiros, fez tratados com todos os reis vizinhos, em particular com o rei de Tiro, para que pudesse escolher do monte Líbano os cedros e as madeiras que lhe conviessem, assim como outros materiais.

Já haviam começado as obras quando Salomão se lembrou de Hiram: o homem mais experiente e conhecedor de arquitetura da época, sábio e virtuoso, e homem por quem o rei de Tiro nutria singular estima pelas grandes qualidades. Percebeu também que um tão grande número de obreiros não podia ser dirigido sem grande dificuldade e confusão; além do mais, as obras começavam a ressentir-se pelas contínuas discussões que reinavam entre eles. Salomão resolveu dar-lhes um chefe digno para mantê-los em boa ordem e, para tal fim, escolheu Hiram, tírio de nascimento. Enviou deputados carregados de presentes ao rei de Tiro, para rogar-lhe que lhe mandasse o famoso arquiteto chamado Hiram. O rei de Tiro, encantado com o alto conceito que Salomão tinha dele, acedeu e enviou-lhe Hiram e seus delegados, cumulados de riquezas, expressando-lhes sincera amizade por Salomão, acrescentando que, além do tratado que haviam concertado, concedia-lhe uma aliança ilimitada e que podia dispor de tudo quanto quisesse do seu reino. Os delegados chegaram a Jerusalém acompanhados de Hiram no dia 15 de julho... um formoso dia de verão. Entraram no palácio de Salomão. Hiram foi recebido com toda pompa e magnificência devidas às suas qualidades elevadas. O próprio Salomão deu uma festa aos obreiros para comemorar a chegada.

No dia seguinte, Salomão reuniu a câmara do conselho para arranjar os negócios de importância; Hiram foi admitido nela, recebendo as felicitações de todos os concorrentes. Salomão disse-lhe, na presença de todos: "Hiram, eu vos escolho para chefe e arquiteto-mor do Templo, assim como escolhi os obreiros; transmito-vos meu poder sobre eles, sem que haja necessidade de outra opinião que a vossa, pois vos tenho como um amigo a quem confiarei o maior de meus segredos". Em seguida, saíram da câmara do conselho e foram aos trabalhos, onde o misterioso Salomão disse a todos os obreiros em voz alta e inteligível, mostrando Hiram: "Eis aquele que escolhi para vosso chefe, para guiar-vos; obedecer-lhe-eis como a mim mesmo; concedo-lhe amplo poder sobre vós e sobre as obras, sob pena de serem, aqueles que não obedecerem às minhas ordens e às de Hiram, castigados da maneira que ele creia conveniente". A seguir, inspecionaram os trabalhos; tudo se colocou sob as ordens de Hiram, que prometeu a Salomão conduzi-los da melhor maneira.

No dia seguinte, Hiram reuniu os trabalhadores e lhes disse: "Amigos, o Rei, nosso senhor, confiou-me o cuidado de dirigir-vos e regular os trabalhos do Templo. Não duvido que a algum de vós falte o zelo para executar as ordens dele e as minhas. Entre vós há alguns que merecem salários mais elevados; cada um poderá alcançá-los através de provas sucessivas de seu trabalho. Para a vossa tranquilidade e como prêmio ao vosso empenho, formarei três classes de obreiros: a primeira será composta de aprendizes; a segunda, de oficiais; e a terceira, de mestres.

"A primeira classe será paga como tal e receberá seu salário na porta do Templo, na coluna J.

"A segunda, também na porta do Templo, porém na coluna B.

"E a terceira, no santuário do Templo".

Aumentaram-se os salários segundo os graus, e cada qual se considerava feliz de encontrar-se sob a ordem de chefe tão digno. A paz, a amizade e a concórdia reinavam entre eles. O respeitável Hiram, querendo que tudo corresse em ordem, e para evitar confusões entre os obreiros, deu a cada um dos graus signos, palavras e toques para que se pudessem reconhecer, com a proibição expressa de comunicá-los sem a permissão expressa do rei Salomão e de seu chefe; de modo que cada um receberia o salário de acordo com o signo; de maneira que os mestres seriam pagos como mestres, bem como os oficiais e os aprendizes. Ajustando-se a uma regra tão perfeita, tudo se desenvolvia em paz, e as obras continuavam de acordo com os desejos de Salomão.

No entanto, uma ordem tão bela poderia persistir? Não, e com efeito três oficiais, impelidos pela avareza e pelo desejo de receber a paga dos mestres, resolveram conhecer a palavra. Como não poderiam obtê-la, a não ser do respeitável mestre Hiram, conceberam o propósito de arrancá-la por bem ou por mal. Como o respeitável Hiram ia diariamente ao santuário do Templo para elevar preces ao Eterno, pelas cinco da tarde, concordaram em esperá-lo à saída para perguntar-lhe pela palavra dos mestres. Como o Templo tinha três portas, uma no Oriente, outra no Ocidente e a terceira ao Sul, esperaram armados, um com uma régua, o segundo com uma alavanca e o terceiro com um martelo. Terminada a oração, Hiram intentou sair pela primeira porta, onde encontrou o primeiro, que, armado com a régua, perguntou-lhe a palavra do mestre. Assombrado, Hiram disse-lhe que não era daquela maneira que conseguiria e que morreria antes de dizê-la. O traidor, furioso pela negativa, assestou-lhe um golpe com a régua. Hiram, aturdido pelo golpe, afastou-se, dirigindo-se à porta ocidental, onde encontrou o segundo traidor, que lhe fez a mesma pergunta que o primeiro. Hiram recusou-a também, o que irritou igualmente o traidor, que o golpeou com a alavanca. Cambaleando, Hiram intentou retirar-se pela porta do Oriente, pela qual acreditava haver segurança, porém o terceiro traidor que o esperava ali lhe fez a mesma pergunta. Hiram respondeu-lhe que preferia morrer a declarar-lhe um segredo que ainda não merecia. Indignado pela negativa, deu-lhe um golpe tão terrível com o malho que o matou. Como ainda havia luz, os traidores carregaram o corpo de Hiram e ocultaram-no num monte de escombros ao norte do Templo, esperando a noite para transportá-lo mais além. Com efeito, quando se fez noite, levaram-no para longe da cidade, a uma montanha elevada, onde o enterraram. Como decidissem conduzi-lo para mais longe, plantaram sobre a fossa um ramo de acácia, com o fito de reconhecerem o lugar, e tornaram a Jerusalém.

O respeitável Hiram ia todos os dias, quando Salomão acordava, dar-lhe conta das obras e receber ordens. Não vendo Hiram no dia seguinte, mandou-o chamar por um de seus oficiais, que lhe disse que não fora possível encontrá-lo. Tal resposta afligiu Salomão, que quis procurá-lo por si mesmo no Templo, e mandou que se indagasse, com perguntas precisas, na cidade toda. No terceiro dia, Salomão, ao se retirar do Templo, após elevar suas preces, fê-lo pela porta do Oriente, surpreendendo-se por ver manchas de sangue; seguiu-as até o monte de escombros do Norte, mandou cavar ali e percebeu que fora removido. Estremeceu de horror e assegurou-se de que Hiram fora assassinado. Tornou ao santuário do Templo para chorar a perda de tão grande homem; em seguida, voltou ao átrio do Templo, onde mandou reunir todos os mestres e lhes disse: "Meus irmãos, a perda de vosso chefe é certa". Ante essas palavras, cada um consumiu-se numa dor profunda, fato que produziu silêncio bastante prolongado, que Salomão interrompeu dizendo que era preciso que nove deles resolvessem partir para procurar o corpo de Hiram e conduzi-lo ao Templo. Mal Salomão terminou de falar, os mestres todos quiseram partir, mesmo os mais velhos, sem pensar nas dificuldades do caminho. Notando o zelo deles, Salomão lhes disse que não partiriam mais que nove eleitos por escrutínio. Os agraciados deram mostras de alegria, tiraram os calçados, para obter mais agilidade, e partiram. Três empreenderam o caminho do Sul, três o do Ocidente e os três restantes o do Oriente, prometendo que se reuniriam ao Norte, no nono dia da partida. Um deles, achando-se extenuado pela fadiga, quis descansar. Ao querer sentar-se, apoiou-se num ramo de acácia. Aquele ramo, colocado ali *ex-professo*, ficou em sua mão, o que o surpreendeu. Vendo, então, grande porção de terra recém-removida, presumiu que Hiram pudesse estar naquele sítio.

Recuperou as forças, cheio de ânimo; muito animado, saiu em busca dos outros mestres, reunindo-se os nove, conforme combinado. Aquele conduziu os demais ao lugar onde estivera, disse-lhes o que sabia, e, animados todos pelo mesmo impulso, puseram-se a remover a terra. Realmente, ali estava enterrado o corpo do respeitável Hiram. Quando o descobriram, horrorizaram-se, retrocedendo estremecidos. A dor embargou-lhes o coração, e eles permaneceram largo tempo em êxtase; recuperando, porém, a coragem, um deles entrou na fossa e tomou Hiram pelo indicador da mão direita para levantá-lo. Hiram, cuja carne estava apodrecida, desagregava-se, cheirava mal, e tal fato fez com que o homem retrocedesse dizendo: *Iclinque*, que significa "cheira mal". Outro segurou-o pelo dedo seguinte ao indicador e sucedeu-lhe o mesmo que ao primeiro. Retirou-se dizendo: *Jakin* (responde-se *Boaz*). Os mestres se consultaram. Como ignoravam que Hiram, ao morrer, conservara o segredo dos mestres, resolveram mudá-lo, e a primeira palavra que proferiram ao retirar o corpo da fossa seria a usual daí por diante. Em seguida, o mais velho deles entrou na fossa, tomou o respeitável Hiram e tirou-o dali, agarrando-o pelo punho direito, apoiando o peito dele contra o seu, bem como a rótula e o pé do mesmo lado. Com a mão esquerda segura aos ombros de Hiram, deixou a fossa. O corpo produziu um ruído surdo que os assustou, porém o mestre, sempre sereno, exclamou: *Mac Benak*, que quer dizer "a carne abandona os ossos". Em seguida, repetiram o nome uns dos outros e, colhendo Hiram pelo braço, tomaram o corpo do homem respeitável e levaram-no a Jerusalém. Chegaram à noite, com lua cheia, e entraram no Templo, onde depositaram o corpo. Salomão, informado da chegada, correu ao Templo, acompanhado de todos os mestres, vestidos de luva branca e avental, onde renderam ao respeitável Hiram as honras póstumas. Salomão mandou sepultá-lo no santuário e fez colocar sobre sua tumba uma placa de ouro, de forma triangular, na qual estava gravado, em hebraico, o nome do Eterno; depois recompensou os mestres com um compasso de ouro, que usaram na botoeira dos trajes, pendente de uma cinta azul, e se comunicaram as novas palavras, signos e toques.

As mesmas cerimônias são repetidas quando se retira o candidato do ataúde, durante a recepção.

A palavra combinada é Gibline, nome do lugar em cujas proximidades estava enterrado o corpo de Hiram.

SEGUNDA LENDA

Tendo Salomão mandado sepultar o corpo de Hiram no santuário do Templo, com a pompa e a magnificência devidas ao seu posto, congregou todos os mestres e lhes disse: "Meus irmãos, os traidores que cometeram o assassínio não devem permanecer impunes; podem ser descobertos, para o que declaro que devem ser levadas a cabo, com todo ardor, as investigações, e que se mantenha a discrição possível no caso de os autores serem descobertos; que não seja feito nenhum dano a eles, trazendo-os vivos, para me reservarem a satisfação da vingança.

Com esse fito, ordeno que 27 de vós partam para levar a cabo a investigação, atentando na execução de minhas ordens". Todos queriam partir para vingar a morte do respeitável mestre, porém Salomão, sempre respeitando seus tratos, repetiu-lhes que era preciso que fossem 27, tomando nove a rota do Oriente, nove a do Sul e nove a do Ocidente, e que todos iriam armados com maças para se defender dos possíveis perigos. Em seguida, designou-os por escrutínio verbal, e os eleitos partiram com a promessa de seguir fielmente, ponto por ponto, as instruções de Salomão.

Os três traidores, os assassinos de Hiram, que haviam voltado aos trabalhos do Templo depois do crime, vendo que o corpo de Hiram fora encontrado, imaginaram que Salomão ordenaria imediatamente que se fizessem investigações para saber quem era o assassino. Ficando a par das ordens de Salomão por intermédio de outros oficiais, saíram de Jerusalém ao anoitecer e separaram-se, a fim de não provocarem suspeitas. Cada qual empreendeu a fuga, afastando-se de Jerusalém para ocultar-se em terras estranhas. Mal terminara o quarto dia de jornada, quando nove dos mestres pararam, extenuados de fadiga no meio das rochas, em um vale, ao pé das montanhas do Líbano. Descansaram ali, e, como começava a anoitecer, um deles permaneceu vigiando, a fim de não serem surpreendidos. Sua missão obrigou-o a afastar-se dos companheiros. Ele divisou ao longe, através da fenda de uma rocha, um pequeno lume. Estremeceu surpreendido. Tranquilizando-se, correu até aquele lugar, disposto a saber do que se tratava. Mal se aproximou, um suor frio invadiu seu rosto ao avistar a entrada de uma caverna de onde saía a luz. Recobrando o ânimo, resolveu entrar. A entrada era estreita e muito baixa, de modo que entrou com o corpo encurvado e a mão direita na frente, para evitar as saliências da rocha, avançando os pés um atrás do outro e produzindo o menor rumor possível; chegando finalmente ao fundo da caverna, viu um homem dormindo recostado. Reconheceu nele imediatamente um dos obreiros do Templo de Jerusalém, da classe dos oficiais, e, não duvidando de que se tratava de um dos assassinos, o desejo de vingar a morte de Hiram fê-lo se esquecer das ordens de Salomão. Armando-se de um punhal, que encontrou aos pés do traidor, cravou-o várias vezes no corpo do homem e, em seguida, cortou-lhe a cabeça. Terminada a ação, sentiu-se atacado de uma sede devoradora; percebeu aos pés do traidor um arroio, em cujas águas aplacou a sede. Saiu da caverna levando numa das mãos o punhal e na outra a cabeça do traidor, que conduzia pelos cabelos. Desse modo, foi procurar os camaradas, os quais, ao vê-lo, estremeceram de terror. Contou-lhes o sucedido na caverna e de que forma encontrara o traidor refugiado nela. Os camaradas disseram-lhe que, na dor exacerbada, havia-os colocado em desobediência quanto às ordens de Salomão. Reconhecendo suas faltas, o homem permaneceu transido, porém os camaradas, que tudo esperavam da bondade do rei, prometeram-lhe obter uma graça. Em seguida, retomaram o caminho de Jerusalém, acompanhados daquele que ainda permanecia com a cabeça do traidor numa mão e o punhal na outra, chegando nove dias depois da partida. Entraram no Templo no momento em que Salomão estava encerrado no santuário com os mestres, como costumava fazer todos os dias ao término dos trabalhos, para recordar com dor o digno e respeitável arquiteto Hiram. Penetraram os nove, isto é, oito reunidos, e o nono, levando sempre o punhal numa mão e a cabeça na outra, gritou três vezes: "Comigo vem a vingança", e, a cada grito, os três faziam a genuflexão. Salomão, porém, estremecendo diante daquele espetáculo, disse-lhe: "Desgraçado! Que fizeste? Não te disse que me reservasses o prazer da vingança?".

Então todos os mestres, com os joelhos postos em terra, gritaram: "Graças para ele!", argumentando que o zelo excessivo fizera com que ele esquecesse as ordens. Salomão, cheio de bondade, perdoou-o, ordenando que a cabeça do traidor fosse exposta no extremo de um varapau guarnecido de ferro, numa das portas do Templo, à vista de todos os obreiros, o que foi imediatamente executado, esperando-se a descoberta dos demais traidores.

TERCEIRA LENDA

Salomão, percebendo que os traidores se haviam dividido, acreditou que seria difícil descobrir os outros dois e, consequentemente, mandou publicar um edito em todo o reino, por meio do qual proibia que se desse hospitalidade a desconhecido sem passaporte, prometendo grandes recompensas aos que pudessem lhe trazer os traidores a Jerusalém ou dar-lhe notícias deles. Um obreiro que trabalhava nas estradas de Tiro sabia de um estrangeiro que se refugiara numa caverna nas proximidades da estrada e lhe confiara seu segredo, depois que o trabalhador lhe prometeu que deixaria arrancar a própria língua a revelar o sigilo. Como o trabalhador viesse à cidade todos os dias buscar víveres para o traidor que estava na caverna, e como se encontrasse na cidade no momento preciso da publicação do edito de Salomão, fez contas sobre a recompensa prometida aos que descobrissem os assassinos de Hiram. O interesse pôde mais que a fidelidade à promessa feita. Então saiu e tomou o caminho de Jerusalém, no qual encontrou os nove mestres comissionados para procurar os culpados, os quais, percebendo que sua expressão e presença faziam o homem mudar de cor, perguntaram-lhe aonde ia e de onde vinha. O desconhecido, fazendo o gesto de arrancar a língua, fincou o joelho na terra e, beijando a mão direita do que o interrogava, respondeu: "Como creio que sois enviados do rei Salomão para buscar os traidores que assassinaram o arquiteto do Templo, tenho de dizer que, apesar de haver prometido segredo, não posso agir de outra forma, a fim de obedecer às ordens do rei, que se encontram no edito que acaba de mandar publicar: um dos traidores que procurais está a um dia de caminho daqui, refugiado numa caverna entre as rochas, nas proximidades da estrada de Tiro, próxima a um grande sarçal. Um cão está sempre à porta da caverna e previne-o quando alguém se aproxima". Ao escutarem o relato, os mestres disseram-lhe que os seguisse e os conduzisse até as proximidades da caverna. O homem obedeceu e conduziu os mestres à estrada de Tiro, onde lhes mostrou o lugar em que se encontrava o traidor. Era o décimo quarto dia da jornada quando o descobriram; ao anoitecer, vislumbraram o sarçal; o tempo estava tempestuoso, e imediatamente luziu o arco-íris. Havendo parado para presenciar o fenômeno, descobriram a caverna. Aproximando-se, notaram o cão dormindo e, para ludibriar a vigilância dele, tiraram os sapatos. Um grupo penetrou na caverna, onde surpreendeu o traidor dormindo. Atacaram-no, prenderam-no e o levaram a Jerusalém, com o desconhecido que os guiara. Chegaram no décimo oitavo dia da partida, pela tarde, no momento em que os trabalhos terminaram. Salomão e todos os mestres, como faziam habitualmente, estavam no santuário do Templo para recordar, com saudade, Hiram. Entraram no Templo e apresentaram o traidor a Salomão, que o interrogou e fê-lo confessar o crime. Ordenou que o eviscerassem e lhe arrancassem o coração, cortassem a cabeça e colocassem-na no extremo de um varapau guarnecido de ferro, numa das portas do Templo, da mesma forma que se fizera com o primeiro, à vista de todos os obreiros, e seu corpo foi arrojado ao monturo para servir de pasto aos animais. Salomão recompensou imediatamente o desconhecido e enviou-o, satisfeito, ao lugar de onde viera, esperando que o terceiro criminoso fosse encontrado.

QUARTA LENDA

Os nove últimos mestres já se desesperavam de encontrar o terceiro traidor, quando, ao vigésimo segundo dia de caminhada, se perderam numa selva do Líbano. Obrigando-se a franquear vários lugares perigosos, tiveram de passar a noite ali, escolhendo, para tantos lugares, cômodos para se resguardarem de animais ferozes que povoavam aqueles ermos. No dia seguinte, ao amanhecer, um deles foi fazer o reconhecimento do lugar onde se encontravam. Percebeu a distância um homem armado com machado e que descansava ao pé de um penhasco. Era o traidor a quem procuravam, que, tendo-se inteirado de que os cúmplices haviam sido detidos, fugia para o deserto, para se esconder. Vendo que um dos mestres se dirigia para ele, logo o reconheceu, por tê-lo visto no Templo de Jerusalém. Levantou-se e foi ao encontro do mestre, crendo que nada devia temer de um único homem, mas, observando a distância os oito que se aproximavam a grandes passadas, fugiu precipitadamente, numa fuga que o caracterizou como culpado e que fez com que os mestres suspeitassem de que ele poderia ser o traidor a quem procuravam. Os mestres decidiram-se a persegui-lo. Finalmente, o traidor, fatigado pelos obstáculos que franqueava para salvar-se, viu-se obrigado a esperá-los com pé firme, disposto a defender--se, preferindo morrer a se entregar. Como estava armado com um machado, ameaçava não respeitar nenhum deles. Despreocupados com sua temeridade, os mestres, armados de malhos, aproximaram-se dele, intimando-o a render-se. Porém, obstinado em se defender, ele lutou e se protegeu com furor durante longo tempo, sem poder ferir ninguém. Os mestres se limitavam a aparar os golpes assestados, porque não queriam feri-lo antes de levá-lo a Jerusalém e apresentá-lo vivo a Salomão. Para obterem melhor resultado, metade deles descansava, enquanto os outros combatiam. Começava a noite quando os mestres, temendo que as trevas facilitassem a fuga do traidor, o atacaram por todos os lados e agarraram-no no momento em que tentava saltar do alto de uma rocha. Desarmaram-no, ataram-no e conduziram-no a Jerusalém, onde chegaram no vigésimo sétimo dia da partida, ao fim dos trabalhos cotidianos, no momento em que Salomão e os mestres estavam no santuário para elevar sua prece ao Eterno e recordar com tristeza Hiram. Os mestres entraram e apresentaram o traidor a Salomão, que o interrogou, e, como ele não pôde se justificar, foi condenado a ser eviscerado e a ter a cabeça cortada, e o resto do corpo foi atirado ao fogo para ser reduzido a cinzas, lançadas depois aos quatro pontos cardeais. Sua cabeça foi exposta, como a dos outros dois, no extremo de um varapau com ponta de ferro. Seus nomes estavam escritos sobre cada varapau com instrumentos semelhantes aos que haviam utilizado no crime. Os três eram da tribo de Judá; o mais velho chamava-se Sebal; o segundo, Oterlut; e o terceiro, Stokin. As três cabeças ficaram expostas durante três dias à vista de todos os obreiros do templo. No terceiro dia, Salomão mandou acender uma grande fogueira à entrada principal e nela lançar as três cabeças, os objetos de uso e os nomes, sendo tudo queimado até se consumir por completo. As cinzas foram lançadas aos quatro pontos cardeais.

Tudo terminado, Salomão dirigiu os trabalhos do Templo com a assistência dos mestres, e tudo correu em paz.

HISTÓRIA DO CAVALEIRO DO LEÃO

Foi dito que, quando Salomão perdoou os oficiais sublevados fazendo-os voltar ao dever, um deles, que não podia esquecer o castigo infligido aos camaradas, resolveu atentar contra a vida de Salomão. Dirigiu-se ao palácio para apunhalá-lo, matando um dos oficiais que lhe proibia a entrada. Depois, lutou com Salomão, que o obrigou a fugir e a ocultar-se nas montanhas. Os guardas de Salomão perseguiram-no, em vão, durante doze dias, até que um deles, chamado La Bauce, avistou um leão arrastando um homem ao covil. O leão combatera e matara o homem. O guarda reconheceu naquele homem, a quem o leão estrangulara, a pessoa procurada. La Bauce cortou-lhe a cabeça e levou-a a Salomão, que o recompensou dando-lhe uma cinta, símbolo da virtude, de cuja extremidade pendia um leão de ouro, representação do valor, que levava na boca uma maça com a qual fora morto.

Uma vez concluído o Templo, vários obreiros dedicaram-se, sob a direção de um chefe, ao trabalho de reformar os costumes, levantar os edifícios espirituais, com o que se fizeram recomendáveis pela sua caridade. Foram chamados Pais Kadosh, que quer dizer "separados pela santidade de sua vida".

Não se sustentaram durante muito tempo porque se esqueceram dos deveres, e a avareza tornou-os hipócritas.

Os Ptolomeus Filadelfos, reis do Egito, príncipes dos astrólogos, eram os mais célebres e constantes amigos da caridade e ordenaram a setenta irmãos fazerem a versão das Sagradas Escrituras.

Rapidamente se afastaram os Pais Kadosh de seus deveres, ultrapassando os limites do bem agir. Conservou-se, todavia, a

Ordem, porque alguns, observadores zelosos da lei, se afastaram deles. Elegeram, então, um grão-mestre vitalício; parte deles permaneceu na Síria e na Sicília, dedicando-se às boas obras; os restantes foram habitar as possessões da Líbia e da Tebaida; em seguida, seus retiros foram habitados por solitários conhecidos pelo nome de Pais do Deserto; também se lhes chamava Kadosh, que quer dizer santo ou eremita.

Tanto os judeus quanto os cristãos nunca disseram nada de mal deles; o grande mestre chamava-se Manchemm.

Essa Ordem persistiu desde os judeus até os cristãos.

Depois da destruição do Templo, muitos abraçaram o cristianismo. Reuniram-se, pois, constituindo uma única família. Todos os seus bens foram comuns. Alexandre, patriarca da Alexandria, era seu maior ornato. Passavam a vida louvando e bendizendo a Deus e ajudando os pobres, que consideravam seus próprios irmãos. Foi assim que essa venerável Ordem se sustentou até os fins do sexto século, e hoje todos os irmãos buscam suster seu brilho passado.

A CHAVE DAS PARÁBOLAS MAÇÔNICAS

Salomão é a personificação da ciência e da sabedoria suprema.

O Templo é a realização e a figura do reino hierárquico da verdade e da razão sobre a terra.

Hiram é o homem que alcançou o poder através da ciência e da sabedoria.

Governa segundo a razão e a ordem, considerando cada um por suas obras.

Cada grau da ordem possui uma palavra que traduz sua essência.

Não há mais que uma palavra para Hiram; esta, porém, se pronuncia de três maneiras diferentes.

Pronunciada pelos aprendizes, quer dizer natureza e se exprime pelo trabalho.

Pronunciada pelos companheiros, quer dizer pensamento, explicando-se pelo estudo.

Pronunciada pelos mestres, quer dizer verdade e se exprime pela sabedoria.

Há três graus na hierarquia dos seres.

Há três portas no Templo.

Há três raios na luz.

Há três forças na natureza.

Essas forças são figuradas pela régua que une, pela alavanca que levanta e pelo martelo que afirma.

A rebelião dos instintos brutais contra a autocracia da sabedoria arma-se, sucessivamente, dessas três forças.

Há três rebeldes: o rebelde à natureza, o rebelde à ciência e o rebelde à verdade.

Estavam representados no inferno dos antigos pelas três cabeças de Cérbero.

Na Bíblia, por Coré, Datã e Abiron.

Na lenda maçônica, são designados por símbolos, cujas combinações cabalísticas variam de acordo com as iniciações.

O primeiro, a quem se denomina Abiron, assassino de Hiram, golpeia o mestre com a régua.

É por essa razão que tantos justos foram imolados em nome da lei.

O segundo, chamado Mefibosete, do nome de um pretendente ao reino de Davi, golpeia Hiram com a alavanca. As reações populares contra a tirania tornam-se, da mesma forma, tirania e atentam mais fatalmente ainda contra o reinado da sabedoria e da virtude.

O terceiro, finalmente, matou Hiram com o martelo, como fazem os restauradores brutais de uma pretensa ordem que creem garantidora de sua autoridade com esmagar a inteligência.

A ramagem de acácia sobre a tumba de Hiram é como a cruz nos altares de Cristo.

É a figura da ciência que sustinha a própria ciência e eleva seu protesto contra os assassinos do pensamento.

Quando os erros dos homens chegaram a transtornar a ordem, então a natureza interveio, da mesma forma que Salomão no Templo.

A morte de Hiram deve ser vingada; os assassinos podem ficar impunes um dia, porém a noite há de chegar para eles. O que golpeou com a régua provocou o punhal.

O que golpeou com a alavanca morrerá pela maça.

O que triunfou com o martelo cairá vítima da força de que abusou e será estrangulado pelo leão.

O que assassinou com a régua denunciou-se pela lâmpada que acendeu e pelo manancial em que bebia, isto é, ser-lhe-á aplicada a pena de Talião.

O que assassinou com a alavanca será surpreendido quando lhe faltar a vigilância, como um cão adormecido.

O leão que devora o que assassinou com o martelo é uma das formas da Esfinge de Édipo; merecerá suceder a Hiram em sua dignidade quem houver vencido o leão.

O cadáver putrefato de Hiram demonstra que não ressuscitam as formas mortas e usadas.

Hiram é o único, verdadeiro e legítimo rei do mundo; dele é que se diz sempre:

"O rei morreu! Viva o rei!".

A maçonaria tem por objetivo reconstruir a monarquia de Hiram e tornar a erigir espiritualmente o Templo.

Então o dragão de três cabeças será encadeado.

Então as sombras dos três homicidas serão arrojadas às trevas.

Então a pedra viva, a pedra cúbica, o cubo de ouro, o cubo de doze portas, a nova Jerusalém, tudo isso descerá do céu, segundo a profecia cabalística de São João.

O manancial de água que corre perto do primeiro homicida indica que a rebelião da primeira idade foi sufocada com o dilúvio.

O sarçal ardendo e o arco-íris que permitem descobrir o segundo homicida representam a santa Cabala, que protesta contra os dogmas farisaicos e a idolatria da segunda idade.

Enfim, o leão vencido representa o triunfo do espírito sobre a matéria e a submissão da força bruta ante a inteligência, que deve ser o signo da consumação e do advento do *sanctum regnum*.

Desde que se iniciaram os trabalhos espirituais para edificar o Templo da verdade, Hiram foi morto muitas vezes e sempre ressuscitou.

Hiram é Adônis morto por um javali.

É Pitágoras proscrito.

É Osíris assassinado por Tífon.

É Orfeu despedaçado pelas Bacantes.

É Moisés enterrado, quem sabe vivo, nas cavernas do monte Nebo.

É Jesus assassinado por três traidores: Caifás, Judas Iscariotes e Pilatos.

É Santiago de Molay, condenado por um papa, denunciado por um falso irmão e queimado por ordem de um rei.

A obra do Templo é a do messianismo, isto é, da realização do simbolismo israelita e cristão.

É o restabelecimento da verdade legitimada, da inteligência e da virtude.

É a ordem através do equilíbrio do poder e do direito, bases inquebrantáveis do poder.

É o restabelecimento da iniciação hierárquica e do sacerdócio do pensamento, regulando a monarquia da inteligência e da força.

Tudo quanto foi feito no mundo careceria de sentido se essa obra não fosse levada a cabo algum dia.

HISTÓRIA DE PHALEG

Quando os homens se reuniram na planície de Senear, sob o reinado de Nimrod, houve um arquiteto chamado Phaleg.

Era filho de Heber, sacerdote dos hebreus. E, para garantir os homens contra um novo dilúvio, desenhou o plano de uma torre.

O primeiro alicerce da torre devia ser circular, tendo doze portas e 72 pilares.

O segundo, quadrado, com nove pisos; o terceiro, triangular, em espiral de 42 voltas.

O quarto, em que a elevação da torre seria cilíndrica, com 72 andares.

Subir-se-ia de um andar a outro por meio de sete escadas.

As portas de cada andar seriam abertas e fechadas por mecanismos cujo segredo seria guardado hierarquicamente.

Todos os habitantes da torre deviam ser iguais em direitos civis e os do alto não poderiam viver sem o auxílio dos de baixo, bem como estes não poderiam se defender das surpresas sem a vigilância daqueles.

Tal era o plano de Phaleg.

Porém os obreiros foram infiéis aos planos do grande arquiteto.

Os segredos de cima foram revelados aos que trabalhavam embaixo; não fecharam as portas, vedaram outras, forçaram outras para ocupar seu lugar nos andares superiores.

Depois, todos quiseram trabalhar a seu modo, sem atentar para os planos de Phaleg.

A confusão apossou-se da linguagem deles, bem como de seus trabalhos, e a torre caiu, em parte, e ficou em parte inacabada, porque os construtores não quiseram se auxiliar mutuamente.

Deu-se a confusão de sua linguagem porque não havia unidade de pensamento.

Phaleg compreendeu, então, que esperara demasiado dos homens ao acreditar que eles se compreenderiam.

Porém, os homens imputaram-lhe suas faltas e denunciaram-no a Nimrod.

Nimrod condenou-o à morte.

Phaleg desapareceu e não se soube o que fora feito dele.

Nimrod, crendo que Phaleg fora assassinado, ordenou que se fizesse um ídolo ao qual deu o nome de Phaleg; tal ídolo daria sua palavra de oráculo favorável à tirania de Nimrod. Todavia, Phaleg fugira para o deserto.

Deu a volta ao mundo para expiar seu erro demasiado generoso.

Onde quer que se detivesse, edificava um tabernáculo triangular.

Um desses monumentos foi encontrado na Prússia, no ano 553, entre os escombros de uma mina de sal.

A quinze côvados de profundidade encontrou-se uma construção de forma triangular, em que havia uma coluna de mármore branco em cuja base estava escrita toda a história em hebraico.

Aqui repousam as cinzas de nosso

G∴H∴ da Torre de Babel...

Adonai perdoou-lhe os pecados dos

homens porque os amou.

Morreu por eles na humilhação

e assim expiou o fasto dos ídolos de

Nimrod.

A TRAVESSIA DO RIO NABURANAÍ

No setuagésimo ano do cativeiro dos israelitas na Babilônia, o rei Ciro teve um sonho perturbador.

Viu uma pomba voar sobre sua cabeça e um leão que avançava sobre ele.

E, como procurasse um meio de escapar à fereza do leão, ouviu a pomba, que lhe dizia: "Devolve a liberdade aos cativos".

Quando o rei se levantou, muito preocupado, comunicaram-lhe que um sábio israelita, nascido do outro lado do rio Naburanaí, solicitava oportunidade de falar-lhe.

O rei fez que se introduzisse aquele homem sábio e, tendo-lhe contado o sonho, pediu-lhe que o desvendasse.

Zorobabel, este era o nome do israelita, disse ao rei que era preciso restabelecer o templo de Deus.

"Ó rei!", disse-lhe. "Reter um povo com o emprego da força é abusar do poder.

"A força é o leão que vistes em sonho; é preciso vencê-lo com a justiça.

"A pomba é o símbolo da misericórdia e da luz."

Ciro lhe disse: "Ide e reuni vossos irmãos e reedificai o templo de Deus".

Depois entregou-lhe um machado, uma pá e uma chave.

Reuniu também os despojos do antigo templo saqueado pelos seus antecessores e enviou-os a Zorobabel.

Os israelitas reuniram-se e prepararam-se para cruzar o rio Naburanaí.

Porém, o primeiro que avançou para sondar sua profundidade foi devorado pelos monstros saídos da água.

Chegaram outros e viram que o rio carregava ossadas e outras ruínas.

Os monstros que devoravam os passantes eram uma serpente e um crocodilo.

O crocodilo tinha uma coroa de ouro sobre a cabeça, e a serpente, um diadema.

Eram os gênios maus do rio e os demônios das águas que, sob mil formas espantosas, se apoderavam de todos os homens que intentavam cruzar naquele ponto.

Quando o contaram a Zorobabel, este mandou acender grandes fogueiras na margem do rio. Depois mandou construir uma ponte flutuante e lançá-la no meio das águas.

A ponte ficou pronta sem que os demônios presenciassem a construção, pois a atenção deles estava voltada para as fogueiras.

O povo de Israel atravessou.

Sobre a ponte estavam traçadas três letras mágicas, cujo papel era o de talismã dos cativos que retornavam à pátria.

Eram as letras L∴ D∴ P∴

Representavam a cruz, a pedra angular e o Verbo de Verdade.

A cruz expressa a criação e o sacrifício.

A pedra angular é a fundação do templo, e o Verbo de Verdade preside às ações dos trabalhadores.

A pedra angular chama-se *Kether*; a cruz é *Chokmah*; e o Verbo de Verdade é chamado *Binah*.

Com esses signos é que deveriam realizar a liberdade de Israel.

Tais letras podem ser combinadas de três maneiras:

São os signos dos nove mestres que vingaram a morte de Hiram.

São os hieróglifos dos três graus da maçonaria.

Com caracteres modernos significam: Liberdade, Dever, Poder.

Escrevem-se cabalisticamente dessa forma:

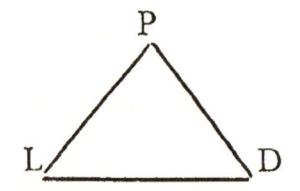

```
      P
     / \
    /   \
   /     \
  L-------D
```

onde o poder apoia-se sobre o dever e a liberdade.

Para o vulgo, essas iniciais querem dizer: Liberdade de passar.

Para os aprendizes e companheiros, significam: Liberdade de pensar.

BAPHOMET[1]

Tem ∴ o ∴ h ∴ p ∴ Abb ∴

Binario verbam vitae mortem et vitam equilibrans

Existem várias figuras de Baphomet.

Por vezes, tem barba e cornos de bode, a face de um homem, o seio de uma mulher, a juba e as garras de um leão, as asas de uma águia, os flancos e o casco de um touro.

É a esfinge de Tebas rediviva, o monstro cativo e simultaneamente vencedor de Édipo.

É a ciência que protesta contra a idolatria pela própria monstruosidade do ídolo.

Leva entre os cornos o facho da vida, e a alma vivente desse facho é Deus.

Os israelitas estavam proibidos de dar às concepções divinas figura humana ou animal; por essa razão é que apenas ousavam esculpir querubins, quer dizer, esfinges com corpos de touros e cabeças de homem, de águia ou de leão.

---

[1] Para a figura de Baphomet, ver *Dogma e Ritual da Alta Magia*, 2ª ed., tomo II. São Paulo: Pensamento, 2017.

Tais figuras mistas não reproduziam, na totalidade, nem a forma humana nem a de nenhum animal.

Esses conjuntos híbridos de animais fantásticos tornavam compreensível que o signo não era um ídolo ou a imagem de alguma coisa vivente, mas a representação de um pensamento.

Não se adora a Baphomet nessa imagem informe e sem semelhança alguma com os seres criados, mas, sim, a Deus.

Baphomet não é um Deus; é o signo da iniciação; é também a figura hieroglífica do grande tetragrama divino.

É uma lembrança dos querubins da arca e do Santo dos Santos.

É o guardião da chave do templo.

Baphomet é semelhante ao Deus negro do rabi Shimon.

É o lado obscuro da face divina. Por essa razão, nas cerimônias iniciáticas, exigia-se do recipiendário que desse um beijo na face posterior de Baphomet, ou do diabo, para lhe dar um nome mais vulgar. Bem, no simbolismo da cabeça de duas faces, a que está atrás de Deus é o diabo, e a detrás do diabo é a figura hieroglífica de Deus.

Por que o nome franco-maçons ou maçons livres? Livres de quê? Do temor de Deus? Sim, sem dúvida, porque, quando se teme a Deus, é que se O olha por trás. O Deus formidável é o deus negro, é o diabo. Os franco-maçons querem erigir um templo espiritual ao Deus único, ao Deus da luz, ao Deus da inteligência e da filantropia; em troca, movem guerra ao deus do diabo e ao diabo de deus. Porém, inclinam-se ante as piedosas crenças de Sócrates, de São Vicente de Paula e de Fénelon. Os que, com Voltaire, apelaram de bom grado à infâmia são aquela cabeça, ou melhor, aquela besta que na Idade Média ocupara o lugar de Deus.

Quanto mais viva é uma luz, mais negra a obscuridade que se lhe antolha. O cristianismo foi, ao mesmo tempo, a salvação e o castigo do mundo; é a mais sublime de todas as sabedorias e a mais espantosa das loucuras. Se Jesus não fosse Deus, seria o mais perigoso dos malfeitores. O Jesus de Veuillot é execrável; o de Renan, indesculpável; o do Evangelho, inexplicável; todavia, o de Vicente de Paula e o de Fénelon são adoráveis. Se o cristianismo é para vós a condenação da razão, o despotismo da ignorância, sois o inimigo da humanidade. Entendeis por cristianismo a vida de Deus na humanidade, o heroísmo da filantropia que, com o nome de caridade, diviniza o sacrifício dos homens que, por meio da comunhão, vivem na mesma vida e inspiram-se no mesmo amor.

A religião de Moisés é uma verdade; o pretenso mosaísmo dos fariseus era uma mentira.

A religião de Jesus é a mesma verdade que deu um passo adiante, revelando-se aos homens através de uma nova manifestação. A religião dos inquisidores e dos opressores da consciência humana é uma mentira.

O catolicismo dos Padres da Igreja e dos santos é uma verdade. O catolicismo de Veuillot é uma mentira.

É essa mentira que a franco-maçonaria tem por missão combater em proveito da verdade.

A franco-maçonaria não abriga as doutrinas dos Torquemada, dos Escobar, mas admite como símbolos as de Hermes, de Moisés e de Jesus Cristo.* O pelicano ao pé da cruz está bordado na cinta dos iniciados de maior grau e não proscreve mais que o fanatismo, a ignorância, a néscia credulidade e o ódio, porém crê no dogma, único em seu espírito e múltiplo em suas formas, que é o da humanidade. Sua religião não é nem o judaísmo, inimigo dos demais

---

* Existe uma tradução brasileira, em 5ª edição, do corpo de doutrina de Hermes Trismegistos intitulada *Corpus Hermeticum*: doutrina de iniciação à Tábula de Esmeralda (São Paulo: Hemus, 2001). (N. dos TT.)

povos, nem o catolicismo exclusivo, nem o protestantismo estreito; é o catolicismo verdadeiramente digno desse nome, quer dizer, a filantropia universal. É o messianismo dos hebreus!

Tudo é verdade nos livros de Hermes. Porém, por ocultá-los tanto aos profanos, terminou-se por torná-los inúteis ao mundo.

Tudo é verdade no dogma de Moisés; o que é falso é o exclusivismo e o despotismo de alguns rabinos. Tudo é verdade no dogma cristão, porém os sacerdotes católicos cometeram as mesmas faltas que os rabinos do judaísmo.

Esses dogmas se completam e se explicam uns aos outros, e sua síntese será a religião do porvir.

O erro dos discípulos de Hermes foi: é preciso deixar o erro aos profanos e fazer a verdade impenetrável a todo mundo, exceto aos sacerdotes; este o amargo fruto dessa doutrina.

A idolatria, o despotismo e os atentados aos sacerdotes foram os amargos frutos dessa doutrina.

O erro dos judeus foi a crença de que constituíam uma nação única e privilegiada e que eram os únicos herdeiros de Deus.

E os judeus, por represália cruel, foram amaldiçoados e perseguidos por todas as nações.

Os católicos cometeram três erros fundamentais:

1º) Acreditaram que a fé deve ser imposta por força à razão e até à ciência, cujos progressos combateu.

2º) Atribuíram ao Papa uma infalibilidade não só conservadora e disciplinar, mas absoluta como a de Deus.

3º) Acreditaram que o homem deve se diminuir, se anular, se converter em desgraçado nesta vida para merecer a futura, ao passo que, contrariamente, o homem deve cultivar todas as faculdades, desenvolvê-las, engrandecer a alma, conhecer, amar, embelezar a existência, numa palavra, fazer-se feliz, porque a vida presente é a preparação da futura, e a felicidade eterna do homem começará quando tiver conquistado a paz profunda, resultante dum equilíbrio perfeito.

A consequência de tais erros foi o protesto da natureza, da ciência e da razão, que fazem crer, por um momento, na perda de toda fé e no aniquilamento de qualquer religião da terra.

Mas o mundo não pode sobreviver sem religião como sem coração não pode existir o homem! Quando todas as religiões tiverem morrido, viverá a religião universal e única, será a conformidade de todos os homens na crença e na solidariedade universal, unidade de aspirações, diversidade de expressões, ortodoxia na caridade, universalidade quanto ao fundamento, e não direi indiferença, porém deferência para as formas análogas ao gênio dos diferentes povos, perfectibilidade dos dogmas, melhoramento possível dos cultos; todavia, no fundo de tudo isso, a grande e imutável fé de Israel num único Deus, imaterial, imutável e insubstancial, em que todas as figuras convencionais e imaginadas são ídolos, numa só razão, que é a lei universal de todos os seres, e numa só nação, que é o instrumento de Deus para a criação e a conservação dos insetos e dos universos!

Assim é que, sob os auspícios e pela influência comercial de Israel, esperamos que se estabeleça, finalmente, na terra:

A Associação de todos os interesses.

A Federação de todos os povos.

A Aliança de todos os cultos.

E a solidariedade universal.

PROFISSÃO DE FÉ[2]

Cremos na soberania eterna e infinita. Na imutável soberania e na inteligência criadora.

Cremos na beleza suprema. Na bondade equitativa e na justiça misericordiosa e amorosa.

Acreditamos na fecundidade do progresso ordenado e na ordem eternamente progressiva.

Cremos no princípio da vida universal, no princípio do Ser e dos seres, sempre distintos do Ser e dos seres, porém necessariamente presente no Ser e nos seres.

Cremos que o princípio eterno, em tudo e por tudo, não poderia ser contido, encerrado, limitado ou definido de nenhum modo, e que, consequentemente, toda forma, todo nome específico, toda revelação pessoal e exclusiva desse princípio são idolatrias e erros.

Cremos que o princípio está em todos nós e fala de cada um de nós pela voz da consciência.

Que a consciência não pode ser iluminada sem o concurso da fé, da razão e da piedade.

Cremos na razão absoluta que deve dirigir e regular os raciocínios particulares, constituir a base da fé e a medida de todos os dogmas, sob pena do fanatismo, da loucura e do erro.

---

[2] Estas páginas foram extraídas das cartas de Éliphas Lévi, das quais o Barão de Spedalieri teve a amabilidade de facilitar a cópia.

Cremos no amor absoluto que se chama espírito de caridade e inspira o sacrifício.

Cremos que, para alcançar a riqueza, é preciso dar, que se é feliz com a felicidade dos demais e que o egoísmo, bem entendido, deve começar pelo próximo.

Cremos na liberdade, na independência absoluta, na realeza de cada um, na divindade relativa da vontade humana, quando esta se acha regulada pela razão soberana.

Cremos que Deus – o grande e indefinível princípio – não poderia ser déspota nem verdugo de suas criaturas; que não pode recompensá-las nem castigá-las, mas que a lei traz em si mesma a sanção, de sorte que o bem é, em si mesmo, a recompensa do bem, e o mal, o castigo, mas também o remédio do mal.

Cremos que o espírito de caridade só é inflexível quando inspira a abnegação e a paz, porém que todos os homens podem-se enganar, sobretudo quando decidem sobre aquilo que ignoram, não conhecem ou não compreendem.

Cremos na catolicidade, isto é, na universalidade do dogma.

Cremos que em religião todos os homens inteligentes aceitam as mesmas verdades e somente disputam em razão dos erros.

Cremos que os homens mais razoáveis são os mais pacientes e que aqueles que perseguem a quem não pensa como eles provam, com sua violência, que ainda permanecem no erro.

Cremos que os deuses são fantasmas, e os ídolos, nada; que os cultos estabelecidos devem ceder lugar a outros novos; que o sábio tanto pode orar numa mesquita quanto numa igreja. Todavia, preferimos a mesquita ao pagode e a igreja à mesquita, contanto que a igreja não seja envilecida por um mau sacerdote.

Numa palavra, cremos que Deus é único, e a religião, única como Ele. Em Deus bendizendo todos os deuses, absorvendo ou anulando todas as religiões.

Cremos no Ser universal, absoluto e infinito que demonstra a impossibilidade do nada e admitimos que o nada pode ser e chegar a ser alguma coisa.

Reconhecemos no ser duas modalidades essenciais: a ideia e a forma, a inteligência e a ação.

Cremos na verdade de que o Ser é concebido pela ideia.

Na realidade, que a Ideia é demonstrada ou demonstrável pela ciência.

Na razão, que é o Ser expresso exatamente pelo Verbo.

Na justiça, que é o Ser posto em ação, segundo as verdadeiras relações e proporções razoáveis.

Cremos na revelação perpétua e progressiva de Deus nos desenvolvimentos de nossa inteligência e de nosso amor.

Cremos no espírito de verdade, inseparável do espírito de caridade, e chamamo-lo com a Igreja católica:

Espírito de ciência, oposto ao obscurantismo dos maus sacerdotes.

Espírito de inteligência, oposto à estupidez dos supersticiosos.

Espírito de força, para resistir aos prejuízos e às calúnias dos falsos crentes.

Espírito de piedade, filial, social ou humana, oposta ao egoísmo ímpio daqueles que tanto deixaram perecer para salvar sua alma.

Espírito de conselho, porque a verdadeira caridade começa pelo espírito e favorece, em primeiro lugar, às almas.

E, finalmente, Espírito de temor ao mal, que nos ensina a não lhe dedicar um culto sacrílego, figurando-nos um Deus caprichoso e malvado.

Cremos que esse Espírito é o do Evangelho e que foi o de Jesus Cristo.

Por isso adoramos a Deus vivo em Jesus Cristo, de quem não fazemos um Deus distinto e separável do próprio Deus. Jesus foi um homem verdadeiro e completo como nós, porém santificado pela plenitude do espírito divino, falando pela sua boca, vivendo e agindo nele.

Cremos no sentido moral e divino do Evangelho lendário, cuja letra é imperfeita, mas cujo espírito é eterno.

Cremos na Igreja, una, santa, universal, da qual a Igreja romana foi o princípio e a forma.

Cremos que as leis de Moisés, dos Apóstolos e dos Papas, seus sucessores, foram transitórias, porém que a lei da caridade é eterna.

Razão por que não perseguimos nem condenamos ninguém.

Cremos que o egoísmo bem compreendido começa pelos demais e que os verdadeiros ricos são aqueles que dão.

Cremos na infalibilidade do espírito de caridade, porém não na temeridade dogmática de certos homens.

Cremos na vida eterna. Não tememos a morte, nem a nossa nem a dos viventes a quem amamos.

Admitimos integralmente os treze artigos do Símbolo de Maimônides e, consequentemente, consideramos os israelitas como nossos irmãos.

Admitimos que só Deus é Deus e que Maomé foi um de seus *Verbos precursores* (que é o significado da palavra profeta) e nos confraternizamos também com os muçulmanos.

No entanto, nos queixamos dos judeus e os censuramos por terem-nos chamado *goi*, e dos muçulmanos, porque nos chamaram *guiaours*. A tal respeito não concordaríamos em comungar com eles, porque seria um fato fora da caridade.

Admitimos o Credo Apostólico de Santo Atanásio e de Niceia, reconhecendo que devem ser explicados de maneira hierárquica, e que eles expressam os mais altos mistérios da filosofia oculta.

Todavia, reprovamos a reprovação e excomungamos a excomunhão, por ser um atentado contra a caridade e a solidariedade universal.

Admitimos a infalibilidade disciplinar e arbitral do chefe da Igreja e consideramos pobres insensatos os que lhe atribuem uma infalibilidade arbitrária.

O Papa é o intérprete legal e conservador das antigas crenças; porém, se quer reformá-las, afasta-se do dever e não tem maior autoridade que a de um louco qualquer.

Estudamos a tradição, mas não lhe concedemos autoridade senão em matéria de crítica, posto que é o receptáculo comum das verdades e dos erros da antiguidade.

A antiguidade da crença, disse Tertuliano, é frequentemente nada mais que a caducidade do erro.

Tal é a profissão de fé que deve reunir e absorver lentamente as demais. Tal é a religião das grandes almas do porvir. Quantos homens se encontram na atualidade em estado de compreendê-la? Não saberia dizer; todavia, penso que, se um profeta pudesse expressá-la em alto e bom som, perante todos os povos reunidos, seria apedrejado por todos os sacerdotes em meio ao desdém dos povos e com a compaixão tão somente de alguns sábios.

Entretanto, o Papa apronta tropas e inventa dogmas. Veuillot destila seu fel e analisa os olores de Paris. Paris, por sua vez, tapa o nariz ao perceber o olor de Veuillot. Este lava as mãos e diz: "É o perfume de Roma!".

E a soberania temporal não se envergonha de ter Veuillot por estandarte.

Em Paris, a censura proíbe a apresentação de Galileia, de Ponsard. A Terra não daria voltas? Ou é eterno o reino do medo, o contínuo grunhido da besta contra o anjo, o embate das tiranias contra a inteligência livre, a bestialidade sempre privilegiada? Espírito sempre condenado, até quando manterás este mundo transtornado?

Éliphas Lévi

OS ELEMENTOS DA CABALA

Os Elementos da Cabala em dez lições
Cartas de Éliphas Lévi[1]

Primeira Lição

PROLEGÔMENOS GERAIS

"Senhor e Irmão,

"Eu vos posso dar este título, uma vez que procurais a verdade na sinceridade do vosso coração e, para a encontrardes, estais disposto a fazer sacrifícios.

"Sendo a verdade a essência do que é, não é difícil encontrá-la: ela está em nós e nós estamos nela. Ela é como a luz, e os cegos não a veem.

"O Ser é. Isso é incontestável e absoluto. A ideia exata do Ser é verdade; seu conhecimento é ciência; sua expressão ideal é a razão; sua atividade são a criação e a justiça.

---

[1] Estas cartas foram facilitadas por um discípulo de Éliphas Lévi: M. Montaut.

"Vós dizeis que desejaríeis crer. Para isso, é suficiente saber e amar a verdade. Pois a verdadeira fé é a adesão inabalável do espírito às necessárias deduções da ciência no infinito conjectural.

"Só as ciências ocultas conferem a certeza, porque se baseiam na realidade, não em sonhos.

"Fazem discernir em cada símbolo religioso a verdade e a mentira. A verdade é a mesma em toda parte, e a mentira varia segundo os lugares, os tempos e as pessoas.

"As ciências são em número de três: a Cabala, a Magia e o Hermetismo.

"A Cabala ou ciência tradicional dos hebreus poderia intitular-se 'matemáticas do pensamento humano'. É a álgebra da fé. Ela resolve todos os problemas da alma como equações, esclarecendo as incógnitas. Confere às ideias a nitidez e a rigorosa exatidão dos números; seus resultados são para o espírito a infalibilidade (relativa, todavia, na esfera do conhecimento humano) e para o coração a paz profunda.

"A Magia ou ciência dos magos teve como representantes na Antiguidade os discípulos e, talvez, os próprios mestres de Zoroastro. É o conhecimento das leis secretas e particulares da Natureza que produz as forças ocultas, os ímãs, quer naturais, quer artificiais, que podem existir fora mesmo do mundo metálico. Em suma, empregando uma expressão moderna, é a ciência do magnetismo universal.

"O Hermetismo é a ciência da Natureza oculta nos hieróglifos e nos símbolos do mundo antigo. É a pesquisa do princípio de vida por meio do sonho (para os que ainda não chegaram até ele) da execução da grande obra, a reprodução por parte do homem do fogo natural e divino que cria e regenera os seres.

"São essas, Senhor, as coisas que desejais estudar. Seu círculo é imenso, mas os princípios são tão simples que podem ser representados e contidos nas cifras dos números e nas letras do alfabeto. 'É um trabalho de Hércules que se assemelha a um jogo infantil', dizem os mestres da santa ciência.

"As condições para obter êxito nesse estudo são: grande retidão de julgamento e grande independência de espírito. É necessário desfazer-se de todo preconceito e de toda ideia preconcebida, e, por isso, Cristo dizia: 'Se não vos apresentardes com a simplicidade de uma criança, não entrareis em *Malkuth*, isto é, no reino da Ciência'.

"Começaremos pela Cabala, cuja divisão é: Bereshit, Merkabah, Gematria e Lemurah.

"Vosso na santa ciência."

Éliphas Lévi "

Segunda Lição

A CABALA. OBJETO E MÉTODO

"O objetivo que se deve ter em mente ao estudar a Cabala é chegar à paz profunda através da tranquilidade do espírito e da paz do coração.

"A tranquilidade do espírito é efeito da certeza; a paz do coração advém da paciência e da fé.

"Sem a fé, a ciência conduz à dúvida; sem a ciência, a fé leva à superstição. As duas reunidas conferem a certeza, e, para uni-las, é preciso não as confundir jamais. O objeto da fé é a hipótese, e ela se torna certeza sempre que necessariamente fundamentada pela evidência ou pelas demonstrações da ciência.

"A ciência constata fatos. Da repetição dos fatos ela conjectura as leis. A generalidade dos fatos em presença dessa ou daquela força demonstra a existência dessas leis. As leis inteligentes são naturalmente desejáveis e dirigidas pela inteligência. A unidade das leis faz supor a unidade da inteligência legisladora. Essa inteligência, que somos forçados a imaginar de acordo com as obras manifestas, mas que nos é impossível definir, é o que chamamos Deus!

"Vós recebeis minha carta, eis um fato evidente; reconheceis minha letra e meus pensamentos e concluís daí que fui eu mesmo que vos escrevi. É uma hipótese razoável, mas a hipótese necessária é apenas a de que alguém escreveu esta carta. Ela poderá ser imitada, mas não tendes nenhuma razão para o supor. Se o supusésseis gratuitamente, criaríeis uma hipótese bastante duvidosa. Se pretendeis que a carta caiu do céu totalmente escrita, criais uma hipótese absurda.

"Eis, portanto, conforme o método cabalístico, a maneira pela qual se forma a certeza:

Evidência ....⎤
Demonstração científica ....⎬ certeza
Hipótese necessária ....⎦

Hipótese razoável .... probabilidade

Hipótese duvidosa .... dúvida

Hipótese absurda .... erro

"Não saindo desse método, o espírito adquire verdadeira infalibilidade, pois afirma o que sabe, crê no que deve necessariamente supor, admite as suposições razoáveis, examina as duvidosas e rejeita as absurdas.

"Toda a Cabala está contida no que os mestres chamam de 32 vias e 50 portas.

"As 32 vias são 32 ideias absolutas e reais ligadas às cifras dos dez números da aritmética e às 22 letras do alfabeto hebraico.

"Eis agora essas ideias:

Números

1. Poder supremo
2. Sabedoria absoluta
3. Inteligência infinita
4. Bondade
5. Justiça ou rigor
6. Beleza

7. Vitória
8. Eternidade
9. Fecundidade
10. Realidade

Letras

Aleph – Pai
Beth – Mãe
Ghimel – Natureza
Daleth – Autoridade
He – Religião
Vau – Liberdade
Dzain – Prosperidade
Cheth – Repartição
Theth – Prudência
Yod – Ordem
Caph – Força
Lamed – Sacrifício
Mem – Morte
Nun – Reversibilidade
Samech – Ser universal
Gnain – Equilíbrio
Phe – Imortalidade
Tsade – Sombra e reflexo
Koph – Luz
Shin – Providência
Resch – Reconhecimento
Tau – Síntese

Terceira Lição

USO DO MÉTODO

"Na lição precedente, só falei das 32 vias; mais adiante, indicarei as 50 portas.

"As ideias expressas pelos números e pelas letras são realidades incontestáveis. Essas ideias encadeiam-se e harmonizam-se como os próprios números. Pode-se proceder logicamente de um ao outro. O homem é filho da mulher, mas a mulher sai do homem da mesma forma que o número da unidade. A mulher explica a natureza; a natureza revela a autoridade, cria a religião que serve de base à liberdade e que torna o homem senhor de si mesmo e do Universo etc. Procurai um Tarô (creio que tendes um) e disponde-o em duas séries de dez cartas alegóricas numeradas de 1 a 21. Vereis todas as figuras que explicam as letras. Quanto aos números, de 1 a 10, neles encontrareis a explicação quatro vezes repetida com os símbolos do bastão, ou cetro do pai, da copa, ou delícias da mãe, da espada, ou combate de amor, e dos denários, ou fecundidade. O Tarô está no livro hieroglífico das 32 vias, e sua explicação sumária encontra-se no livro atribuído ao patriarca Abraão, denominado *Sepher Yetzirah*.

"O sábio Court de Gébelin foi quem primeiro adivinhou a importância do Tarô, que é a grande chave dos hieróglifos hieráticos. Nele encontramos os símbolos e os números das profecias de Ezequiel e de São João. A Bíblia é um livro inspirado, mas o

Tarô é o livro inspirador. Foi também chamado a roda, *rota*, daí *tarô* e *torá*. Os antigos rosa-cruzes conheciam-no, e o marquês de Suchet o menciona em seu livro sobre os iluminados.

"Desse livro é que vieram nossos jogos de cartas. As cartas espanholas ostentam ainda os principais signos do Tarô primitivo, utilizados para o jogo do *hombre*, ou do homem, reminiscência vaga do uso primevo de um livro misterioso que continha as decisões reguladoras de todas as divindades humanas.

"Os mais antigos Tarôs eram medalhas de que mais tarde se fizeram talismãs. As clavículas ou pequenas clavículas de Salomão se compunham de 36 talismãs com 72 estampas análogas às figuras hieroglíficas do Tarô. Essas figuras alteradas pelos copistas são ainda hoje encontradas nas antigas clavículas manuscritas existentes em bibliotecas. Existe um desses manuscritos na Biblioteca Nacional de Paris e outro na Biblioteca do Arsenal. Os únicos manuscritos autênticos das clavículas são os que ostentam a série dos 36 talismãs com os 72 nomes misteriosos; os demais, por antigos que sejam, pertencem às fantasias da magia negra e só contêm mistificações.

"Vede, para a explicação do Tarô, o meu *Dogma e Ritual da Alta Magia*.[*]

"Vosso na santa ciência,

Éliphas Lévi"

---

[*] São Paulo: Pensamento, 2017. (2ª ed.)

Quarta Lição

A CABALA

I

"Senhor e Irmão,

"Bereshit quer dizer 'gênese'. Merkabah significa 'carro' por alusão às rodas e aos animais misteriosos de Ezequiel.

"O Bereshit e a Merkabah resumem a ciência de Deus e do mundo.

"Eu disse 'ciência de Deus' e, no entanto, Deus nos é infinitamente desconhecido. Sua natureza escapa por completo às nossas investigações. Princípio absoluto do ser e dos seres, não se pode confundi-lo com os efeitos que produz e pode-se dizer, ao afirmar com segurança sua existência, que ele não é o ser nem um ser. O que confunde a razão sem extraviá-la e nos afasta para sempre de toda idolatria.

"Deus é o único *postulatum* absoluto de toda ciência, a hipótese absolutamente necessária que serve de base a toda certeza, e eis como nossos antigos mestres estabeleceram sobre a ciência mesmo essa hipótese exata da fé: o Ser é. No Ser está a vida. A vida se manifesta pelo movimento. O movimento se perpetua pelo equilíbrio das forças. A harmonia resulta da analogia dos contrários. Existem, na natureza, lei imutável e progresso indefinido. Mudança perpétua das formas e indestrutibilidade da substância; eis o que encontramos ao observar o mundo físico.

"A metafísica apresenta leis e fatos análogos, quer na ordem intelectual, quer na ordem moral; de um lado, temos a *verdade* imutável; do outro, a fantasia e a ficção. De um lado, o bem, que é a verdade; do outro, o mal, que é falso; desses conflitos aparentes saem o juízo e a virtude. A virtude compõe-se de bondade e de justiça. Boa, a virtude é indulgente. Justa, é rigorosa. Boa porque é justa, e justa porque é boa, ela mostra-se, então, bela.

"Essa grande harmonia existente no mundo físico e no mundo moral, já que não pode haver uma causa superior a ela mesma, nos revela e nos demonstra a existência de uma sabedoria imutável, de um princípio, de leis eternas e de uma inteligência criadora infinitamente ativa. Sobre essa sabedoria e essa inteligência, inseparáveis uma da outra, repousa esse poder supremo que os hebreus denominam a coroa. A coroa, e não o rei, pois a ideia de um rei implicaria a de um ídolo. Para os cabalistas, o poder supremo é a coroa do Universo, e a criação inteira é o reino da coroa ou, se preferirdes, o domínio da coroa.

"Ninguém pode dar o que não possui, e podemos admitir virtualmente na causa o que se manifestará no efeito.

"Deus é, pois, o poder ou a coroa suprema (Kether) que repousa sobre a sabedoria imutável (Chokmah) e a inteligência criadora (Binah); estão nele a bondade (Chesed) e a justiça (Geburah), que são o ideal da beleza (Tiphareth). Estão nele o movimento sempre vitorioso (Netzah) e o grande repouso eterno (Hod). Sua vontade é uma criação contínua (Yesod), e seu reino (Malkuth), a imensidade que povoa os universos.

"Detenhamo-nos aqui: nós conhecemos Deus!

"Vosso na santa ciência.

Éliphas Lévi"

Quinta Lição

A CABALA

II

"Senhor e Irmão,

"Esse conhecimento racional da divindade, escalonado sobre as dez cifras de que se compõem todos os números, vos oferece o método completo da filosofia cabalística. Esse método compõe-se de 32 meios ou instrumentos de conhecimento, que se denominam as 32 vias, e de 50 objetos aos quais a ciência pode ser aplicada e se denominam as 50 portas.

"A ciência sintética universal é, desse modo, considerada um templo ao qual levam 32 vias e no qual se entra por 50 portas.

"Esse sistema numérico, que bem poderia se chamar decimal, porque tem por base o número dez, estabelece, graças a analogias, uma classificação exata de todos os conhecimentos humanos. Nada é mais engenhoso nem mais lógico ou mais preciso.

"O número dez, aplicado às noções absolutas do ser na ordem divina, na ordem metafísica e na ordem natural, repete-se três vezes e fornece o trinta para fins de análise; acrescentai a silepse e a síntese, a unidade que se propõe inicialmente ao espírito e o resumo universal, e tendes as 32 vias.

"As 50 portas são uma classificação de todos os seres em cinco séries de dez cada uma, que açambarca todos os conhecimentos possíveis e irradia luz sobre toda a enciclopédia.

"Mas não é o bastante haver achado um método matemático exato; é necessário, para poder ser considerado perfeito, que esse método seja progressivamente revelador, isto é, que nos forneça meios de extrairmos exatamente todas as deduções possíveis para obter novos conhecimentos, bem como desenvolver o espírito sem nada deixar aos caprichos da imaginação.

"É o que se obtém pela Gematria e pela Temurá que constituem a matemática das ideias. A Cabala possui a geometria ideal, a álgebra filosófica e a trigonometria analógica. É assim que ela força, de certo modo, a Natureza a revelar-lhe seus segredos.

"Adquiridos esses altos conhecimentos, passam-se às últimas revelações da Cabala transcendental e estuda-se na *schememamphorasch* a fonte e a razão de todos os dogmas.

"Eis, Senhor e amigo, o que se trata de aprender. Vede se isso não vos assusta; minhas cartas são curtas, mas são resumos que dizem muito em poucas palavras. Abri longo intervalo entre minhas cinco primeiras lições para vos dar tempo para refletirdes sobre isso; posso escrever-vos mais frequentemente, se assim o desejardes.

"Acreditai-me, Senhor, com o ardente desejo de vos ser útil, vosso devoto na santa ciência.

Éliphas Lévi"

Sexta Lição

A CABALA

III

"Senhor e Irmão,

"A Bíblia deu ao homem dois nomes. O primeiro é Adão, que significa saído da terra, ou homem de terra; o segundo é Enos ou Henoch, que significa homem divino, ou elevado a Deus. De acordo com o Gênesis, foi Enos o primeiro a prestar homenagem pública ao princípio dos seres, e esse Enos, o mesmo que Henoch, foi, segundo se diz, elevado vivo ao céu após haver gravado em duas pedras, denominadas as colunas de Henoch, os elementos primitivos da religião e da ciência universal.

"Esse Henoch não é um personagem; é uma personificação da humanidade elevada ao sentimento da imortalidade pela religião e pela ciência. Na época designada pelo nome de Enos ou de Henoch, o culto de Deus aparece sobre a terra, e tem início o sacerdócio. Também aí começa a civilização com a escrita e os movimentos hieráticos.

"O gênio civilizador que os hebreus personificam em Henoch, os egípcios chamaram de Trismegisto, e os gregos, de

Kadmos ou Cadmus, aquele que, aos acordes da lira de Anfião, viu se erguerem e se organizarem por si mesmas as pedras vivas de Tebas.

"O livro sagrado primitivo, aquele que Postel denomina de gênese de Henoch, é a fonte primeira da Cabala, ou tradição divina e humana, ao mesmo tempo, e, simultaneamente, religiosa. Aí transparece em toda simplicidade a revelação da inteligência suprema à razão e ao amor do homem, a lei eterna que regula a expansão infinita, os números na imensidade e a imensidade nos números, a poesia na matemática e a matemática na poesia.

"Quem acreditaria que o livro inspirador de todas as teorias e de todos os símbolos religiosos tenha sido conservado e chegado até nós em forma de um jogo composto de estranhas cartas? Nada, porém, poderia ser mais evidente, e foi Court de Gébelin, seguido de todos os que estudaram com seriedade o simbolismo dessas cartas, quem, no século passado, primeiro o descobriu.

"O alfabeto e os dez signos dos números, eis certamente o que há de mais elementar nas ciências. Ajuntai a isso os símbolos dos quatro pontos cardeais do céu ou das quatro estações e tereis completado o livro de Henoch. Mas cada signo representa uma ideia absoluta ou, se o quiserdes, essencial.

"A forma de cada cifra e de cada letra tem razão matemática e significação hieroglífica. As ideias, inseparáveis dos números, seguem, quando somadas, divididas ou multiplicadas etc., o movimento dos números, e deles adquirem sua exatidão. O livro de Henoch é, enfim, a aritmética do pensamento.

"Vosso na santa ciência.

Éliphas Lévi"

Sétima Lição

A CABALA

IV

"Senhor e Irmão,

"Court de Gébelin viu nas 22 chaves do Tarô a representação dos mistérios egípcios e atribuiu sua invenção a Hermes ou Mercúrio Trismegisto, também chamado Thaut ou Thoth. É certo que os hieróglifos do Tarô são encontrados nos antigos monumentos do Egito; e também que os signos desse livro, traçados em quadros sinópticos sobre estelas ou chapas metálicas semelhantes à chapa isíaca de Bembo, foram reproduzidos separadamente sobre pedras gravadas ou sobre medalhas, que se tornaram, mais tarde, amuletos e talismãs. Destarte, separavam-se as páginas do livro infinito em combinações diversas para ajuntá-las, transpô-las e dispô-las de maneiras sempre novas, a fim de obter os oráculos inesgotáveis da verdade.

"Possuo um desses talismãs antigos, que me foi trazido do Egito por um viajante amigo. Representa o binário dos Ciclos ou, vulgarmente, o 'dois de ouros'. É a expressão figurada da grande lei da polarização e do equilíbrio, que produz a harmonia pela analogia dos contrários; eis como esse símbolo é figurado no Tarô que possuímos e que se vende ainda em nossos dias: a medalha, que está um pouco apagada, é mais ou menos do tamanho de uma moeda de prata de cinco francos, porém mais espessa. Os dois ciclos polares estão nela figurados exatamente como no nosso Tarô italiano: uma flor de lótus com uma auréola ou um nimbo.

"A corrente astral, que separa e atrai ao mesmo tempo os dois focos polares, é representada, em nosso talismã egípcio, pelo bode de Mendes colocado entre as duas víboras análogas às serpentes do caduceu. No reverso da medalha, vê-se um adepto ou um sacerdote egípcio que, substituindo-se a Mendes entre os dois ciclos do equilíbrio universal, conduz, por uma avenida arborizada, o bode domesticado como simples animal, sob a vara do homem imitador de Deus.

"Os dez símbolos dos números, as 22 letras do alfabeto e os quatro signos astronômicos das estações resumem toda a Cabala.

"Vinte e duas letras e dez números fornecem as 32 vias do *Sepher Yetzirah*; quatro dão a *Merkabah* e o *schememamphorasch*.

"Isso é simples como um jogo infantil e complexo como os mais árduos problemas da matemática pura.

"É simples e profundo como a verdade e a natureza.

"Esses quatro signos elementares e astronômicos são as quatro formas da esfinge e os quatro animais de Ezequiel e de São João.

"Vosso na santa ciência.

Éliphas Lévi"

Oitava Lição

A CABALA

V

"Senhor e Irmão,

"A ciência da Cabala torna impossível a dúvida em matéria de religião, porque só ela concilia a razão com a fé, demonstrando que o dogma universal, embora diversificadamente formulado, mas no fundo e em toda parte sempre o mesmo, é a mais pura expressão das aspirações do espírito humano iluminado por uma fé necessária. A Cabala faz compreender a utilidade das práticas religiosas que, fixando a atenção, fortificam a vontade e projetam uma luz superior sobre todos os cultos. Ela prova que o mais eficaz de todos esses cultos é aquele que por meio de signos eficientes aproxima, de algum modo, a divindade do homem, fazendo que ele a veja, toque e, de certa maneira, incorpore-se a ela. É suficiente dizer que se trata da religião católica.

"Essa religião, tal como se apresenta ao vulgo, é a mais absurda de todas, porque é a mais bem *revelada*, palavra que emprego no verdadeiro sentido, *revelare*, revelar, ou melhor, velar de novo. Sabeis que no Evangelho é dito que, à morte do Cristo, o véu do Templo se dilacerou por inteiro, e todo o trabalho dogmático da Igreja, ao longo das idades, consistiu em tecer e bordar um novo véu.

"É verdade que os próprios chefes do santuário, por terem desejado ser príncipes, perderam, há muito, as chaves da alta iniciação. O que não impede que a letra do dogma seja sagrada e que os sacramentos sejam eficazes. Fundamentei nas minhas obras que o culto cristão-católico é a alta magia organizada e regularizada pelo simbolismo e pela hierarquia. É uma combinação de socorros oferecidos à fraqueza humana, a fim de afirmar sua vontade no bem.

"Nada foi negligenciado, nem o templo misterioso e sombrio, nem o incenso que acalma e exalta ao mesmo tempo, nem os cantos prolongados e monótonos que embalam o cérebro num semissonambulismo. O dogma, cujas fórmulas obscuras parecem o desespero da razão, serve de obstáculo à petulância de uma crítica inexperiente e indiscreta. Elas parecem insondáveis para melhor representarem o infinito. O próprio ofício, celebrado numa língua que a massa do povo não entende, amplia o pensamento de quem ora e lhe permite encontrar na oração tudo o que se relaciona às necessidades do espírito e do coração. Eis a razão pela qual a religião católica se assemelha a essa fênix da fábula que se sucede de século em século e renasce continuamente das cinzas; e esse grande mistério da fé é apenas um mistério da natureza.

"Eu aparentaria emitir um enorme paradoxo se dissesse que a religião católica é a única que pode ser chamada natural com justiça; e, não obstante, é verdade, uma vez que só ela satisfaz plenamente a essa necessidade natural do homem, que é o sentido religioso.

"Vosso na santa ciência.

Éliphas Lévi"

Nona Lição

A CABALA

VI

"Senhor e Irmão,

"Se o dogma cristão-católico é totalmente cabalístico, pode-se dizer o mesmo desses grandes santuários do mundo antigo. A lenda de Krishna, tal como a relata o *Bhagavad Gita*, é um verdadeiro Evangelho, semelhante ao nosso, porém mais ingênuo e mais brilhante. As encarnações de Vishnu são em número de dez, como as *Sephiroth* da Cabala, e formam uma revelação mais completa que a nossa, de certo modo. Osíris, morto por Tífon, depois ressuscitado por Ísis, é o Cristo renegado pelos judeus, mais tarde glorificado na pessoa de sua mãe. A *Tebaida* é uma grande epopeia religiosa que deve ser posicionada ao lado do símbolo de Prometeu. Antígona é um modelo de mulher divina, tão puro quanto o de Maria. Em toda parte, o bem triunfa pelo sacrifício voluntário depois de ter sofrido, por algum tempo, os assaltos desregrados da força fatal. Mesmo os ritos são simbólicos e transmitem-se de uma religião à outra. As tiaras, as mitras, as sobrepelizes pertencem a todas as grandes religiões. Se se concluir, a partir daí, que todas elas são falsas, é a conclusão que será falsa. A verdade é que a religião é una como a humanidade, progressiva igual a ela e permanece sempre a mesma, embora se transforme continuamente.

"Se entre os egípcios Jesus Cristo chama-se Osíris, entre os escandinavos Osíris chama-se Balder. Ele é morto pelo lobo Jeuris, mas Voda ou Odin lhe restitui a vida, e as Valquírias lhe servem o hidromel no Valhala. Os escaldos, os druidas, os bardos cantam a morte e a ressurreição de Tarenis ou Tetenus, distribuem aos fiéis o agárico sagrado, como o fazemos com o buxo bento nas festas do solstício de verão, e prestam culto à virgindade inspirada das sacerdotisas da Ilha de Seyne.

"Podemos, portanto, com plena consciência e com toda razão, cumprir os deveres que nos impõe a religião materna. As práticas são atos coletivos e repetidos com intenção direta e perseverante. Ora, a execução de semelhantes atos é bastante útil, e eles nos fortificam a vontade da qual são um tipo de ginástica que nos faz atingir o fim espiritual a que aspiramos. As práticas mágicas e os passes magnéticos não têm outro objetivo além desse e produzem resultados análogos aos das práticas religiosas mais imperfeitas.

"Muitos são os homens que não dispõem da energia para fazer o que desejariam ou deveriam fazer. Há mulheres – e são muitas – que se consagram sem desencorajamento a trabalhos tão repugnantes e penosos quanto a enfermagem e o ensino! Onde encontram elas tanta força? Nas pequenas práticas repetidas. Rezam todos os dias seu ofício e seu rosário e fazem, de joelhos, a oração e seu exame particular de consciência.

"Vosso na santa ciência.

Éliphas Lévi"

Décima Lição

A CABALA

VII

"Senhor e Irmão,

"A religião não é uma servidão imposta ao homem; é um socorro que lhe é oferecido. As castas sacerdotais procuram, em todos os tempos, explorar, vender e transformar esses socorros num jugo insuportável, e a obra evangélica de Jesus tinha por objetivo separar a religião do sacerdócio ou, pelo menos, recolocar o sacerdote em lugar de ministro ou de servidor da religião, devolvendo à consciência do homem toda liberdade e razão. Vede a parábola do bom samaritano e linhas preciosas como: a lei é feita para o homem e não o homem para a lei. Ai de vós que atais e impondes aos ombros dos outros fardos que não desejaríeis tocar nem sequer com a ponta dos dedos (etc. etc.). A Igreja oficial declara-se infalível no *Apocalipse*, que é a chave cabalística dos evangelhos, mas sempre houve no cristianismo uma igreja oculta, ou *jvanuita*, que, conquanto respeitando a necessidade da Igreja oficial, conserva do dogma uma interpretação completamente diferente da oferecida ao vulgo.

"Os templários, os rosa-cruzes, os franco-maçons de graus elevados, todos eles, antes da Revolução Francesa, pertenceram a essa Igreja que teve Martinez de Pasqually, Saint-Martin e mesmo a sra. Krudemer como apóstolos no século XVIII.

"O caráter distintivo dessa escola é evitar a publicidade e jamais se constituir em seita dissidente. O Conde Joseph de Maistre, esse católico tão radical, era, mais que se crê, simpático à sociedade dos Martinistas e anunciava uma regeneração próxima ao dogma por meio de luzes que emanariam dos santuários do ocultismo. Existem ainda, agora, sacerdotes fervorosos iniciados na doutrina antiga, e um bispo, entre outros, que acaba de morrer, me solicitara informações cabalísticas. Os discípulos de Saint-Martin faziam-se chamar filósofos desconhecidos, e os de um mestre moderno, extremamente feliz por permanecer, todavia, ignorado, não têm necessidade de tomar nenhum nome, pois o mundo nem sequer imagina sua existência. Jesus disse que o fermento deve estar oculto no fundo da vasilha com a massa, a fim de trabalhar dia e noite em silêncio, até que a fermentação tenha invadido pouco a pouco toda essa pasta que deverá se tornar o pão.

"Um iniciado pode, pois, sinceramente e com simplicidade, praticar a religião em que nasceu, pois todos os ritos representam diversamente um só e mesmo dogma, mas não deve abrir o fundo de sua consciência senão a Deus, nem prestar contas de suas crenças mais íntimas a quem quer que seja. Como poderia o sacerdote julgar aquilo que o próprio Papa não compreende? Os sinais exteriores do iniciado são a ciência modesta, a filantropia sem ostentação, a igualdade de caráter e a mais inalterável bondade.

"Vosso na santa ciência.

Éliphas Lévi"

APÊNDICE[*]

SIPHRA DZENIÛTA OU O LIVRO OCULTO

<u>I</u>

Vimos no Livro Oculto que, criando o mundo, Deus fez pesar com a balança o que até então não fora pesado. Anteriormente, os homens não se olhavam face a face, isto é, a *união* dos esposos não se verificava da mesma forma que atualmente. Também os reis primitivos morreram porque não encontraram alimento adequado, e a terra foi destruída. Então, a "Cabeça" mais desejável teve piedade do mundo que ia criar. A balança foi erguida numa região completamente nova. A balança funciona sob o peso dos corpos da mesma forma que sob o das almas; e até os próprios seres que ainda não existiam foram pesados. Como não houvesse seres anteriores, passaram pela balança os seres existentes e os destinados a existir mais tarde. Foi assim que o mundo atual foi formado; esse é o Mistério dos Mistérios. Na "Cabeça" existe um rocio límpido que preenche a cavidade. A membrana que a recobre é misteriosa e límpida como o ar. Pelos muito finos estão presos à balança. A Vontade das Vontades manifesta-se pela oração dos homens na terra. O sábio, discreto vigilante,

---

[*] Compilado pelos tradutores.

percebe a manifestação; da terra vê as luzes no alto. É por duas aberturas de cima que o Espírito celeste desce aos seres cá debaixo.

"No começo (Bereshit), Elohim criou o céu e a terra." Este versículo contém seis palavras, no início das quais figura a palavra "Bereshit". Esse número é o emblema das sete partes da "Cabeça" de onde emana toda bênção sobre a terra. O segundo versículo do Gênesis começa com a palavra *ve-haaretz* (e a terra). É da terra que emana a maldição; porque Deus a maldisse. As Escrituras dizem que a terra era informe e desnuda (*thohou* e *bohou*) e que o espírito de Elohim flutuava sobre as águas. É uma alusão às treze glórias do Glorioso. O mundo subsistirá durante seis mil anos, aos quais se referem as seis primeiras palavras do Gênesis. No início do sétimo milênio, o mundo todo será aniquilado em doze horas. É a esse cataclismo que se referem *thohou, bohou*.

Na décima terceira hora do sétimo milênio, Deus nos dispensará sua misericórdia e renovará o mundo recolocando-o no estado em que estava nos seis milênios precedentes. Eis por que as escrituras nos dizem primeiro que Deus criou o céu e a terra e logo nos afirma que a terra era *thohou* e *bohou*, e que as trevas cobriam a face do abismo; tal estado da terra se renovará efetivamente depois da criação, no início do sétimo milênio. A essa época é que se refere o versículo "E Deus será poderoso neste dia" (Isaías, 2, 11).

Entre os signos que Deus gravou no céu no momento da criação, uma serpente podia ser vista estendida ao largo da terra e com a cauda enrolada à cabeça informe e nefasta.** A serpente passa uma vez em cada mil dias pelo grande oceano, onde tem a cabeça destroçada, em conformidade com

---

** Ouroboros. (N. dos TT.)

o que está escrito: "Destroçaste as cabeças dos dragões no fundo das águas" (Salmos, 74, 13). Existem dois dragões, porém apenas um é que morre, e é por essa razão que a palavra *thaninim* (dragões) está escrita sem a vogal "i", o que coloca a palavra em número singular.

As Escrituras acrescentam: "E Elohim disse: Que a luz seja feita (*iehi*) e a luz foi (*vaiehi*) feita." Tornam a ser encontrados nesse versículo os nomes sagrados: *Ieve* e *Ve*. A *Vau* final designa a *Shekhinah* de baixo, bem como *He* designa a *Shekhinah* de cima, mantendo a balança em equilíbrio. O versículo "E Elohim viu que a luz era boa" designa os *Hayoth* dos quais as Escrituras dizem que vão e vêm. A palavra "boa", nesse versículo, designa o justo que as Escrituras dizem que é bom. Está escrito: "Dizei ao justo que é bom" (Isaías, 3, 10). Dos seis nomes que saem da raiz do Corpo celeste, *Yod* e *He* são as duas coroas do que é bom, pois está escrito: "Dizei ao justo que se amam e que se abraçam; delas sai a 'Língua' que fala das coisas sublimes". *** A "Língua" está escondida entre *Yod* e *He*, pois está escrito: "Esta dirá: sou de Jehovah e se glorificará com o nome de Jacó e escreverá com sua mão a Jehovah e se glorificará com levar o nome de Israel". *He* dirá a Jehovah: "Desço". Tudo isso está contido no nome *Iho*. A língua esconde a Mãe da qual saiu (Isaías, 44, 5). O Pai está sentado no lugar de honra, e a Mãe, no meio e oculta por ambos. Desgraçado daquele que descobre suas "partes pudendas" (Zohar, III, fl. 75 e ss.).

*** Trata-se da língua dos pássaros ou da linguagem ditada pelo Espírito Santo. (N. dos TT.)

As Escrituras acrescentam: "E Elohim disse: Sejam feitos no firmamento os corpos luminosos do céu", o que significa: "Que o macho domine a fêmea", tal qual está escrito: "E o justo é o fundamento do mundo" (Provérbios, 10, 5). Quando *Yod* projeta dois raios de luz, fecunda a fêmea. Quando *Yod* está destacado, eleva-se a um grau superior, e a fêmea é obscurecida. A Mãe concentra, então, suas luzes no interior de seu palácio, do qual fecha as portas. Assim, a luz que emana dos seis Nomes sagrados forma a "Chave" que fecha a "Porta" e reúne o céu à terra. Desgraçado daquele que abre essa porta!

II

A "Barba" não foi mencionada no capítulo precedente entre as partes constituintes da "Cabeça" pela sua superioridade sobre as outras. Começa na região das orelhas e dá a volta à face. Um fio branco se destaca, pois que ele indica as treze glórias das quais as Escrituras dizem: "Onde homem (Adão) não passou jamais e onde homem (*ish*) jamais morou" (Jeremias, 2, 6). O grau chamado "Adão" está sob essa "Barba" e com razão ainda maior o grau chamado *Isch*. Treze fontes surgem da "Barba", das quais apenas quatro são ocultas, enquanto nove servem para alimentar o corpo. No mês de *Tischri*, que é o sétimo do ano, essas treze fontes abrem as treze portas de misericórdia. É em relação a essa época do ano que as Escrituras dizem: "Buscai ao Senhor enquanto pode ser encontrado" (Isaías, 55, 6). Em outro lugar: "E mortificareis vosso corpo na noite do nono mês" (Levítico, 16, 22), "Senhor Jehovah começastes a mostrar ao servidor a vossa grandeza" (Deuteronômio, 3, 24). Nesse versículo, o nome de Jeová está escrito de forma completa, ao passo que na terra raramente o está. Há uma *Vau em cima* e uma *Vau embaixo*, bem como uma *He* de baixo, porém não há mais que uma *Yod* de cima, com a qual nada se associa e perto da qual nada pode chegar. É pela união da *Vau* e da *He* que se percebe levemente a *Yod*, tal como percebemos as veias sob a epiderme. Desgraçado do mundo quando a epiderme é suficientemente opaca para esconder as veias.

A "Cabeça" está cheia de rocio. Contém três cavidades. Duas linhas, negras como o corvo, formam arcos por cima de aberturas profundas, dispostas à direita e à esquerda da "Cabeça". Uma senda estreita separa por cima essas duas linhas. A Fronte não apresenta rugas, exceto quando irritada. Os Olhos são compostos de três cores. O Nariz é fino. Três chamas saem da abertura do Nariz. O nome *Ahi* é a síntese dos seis nomes precedentes. *Yod* ilumina a *Vau* e a *He*. Desgraçado do mundo quando a *Yod* se separa da *Vau* e da *He* por causa dos pecados dos homens! Quando a *Yod* se separa da *He*, as Escrituras dizem: "Não descobrirás em tua Mãe o que deve permanecer ignorado".

III

A "Barba" é enfeitada com nove adornos gloriosos. O primeiro é a disposição dos pelos desde a abertura das orelhas até a comissura labial; segundo: o círculo traçado pela barba desde a comissura labial à outra; terceiro adorno: os pelos saindo da abertura do nariz; quarto: os bigodes; quinto: os "lunares" com forma de manchas; sexto: mechas de cabelo negro ao longo das frontes; sétimo adorno: os lábios vermelhos como uma rosa; oitavo: os cachos cobrindo a nuca; nono: cabelos longos alternando-se com curtos. Foi para responder a esses nove adornos que Davi invocou nove vezes o destinado a vencer seus inimigos. Com maior razão ainda a misericórdia se expande pelo mundo quando a "Barba" da "Cabeça Suprema" ilumina-o.

Está escrito: "E o Senhor disse: Que as águas produzam animais viventes que nadem" (Gênese, 1, 20). *Jah* fundiu as luzes conjuntamente, a boa água com a má, o *Haya* superior com o *Haya* inferior, o bom *Haya* com o mau.

As Escrituras dizem: "E Elohim disse: Façamos homens à nossa imagem". Elas não dizem: "Façamos o homem", mas "Façamos homens", com a finalidade de excluir o "Homem" de cima, formado com o Nome completo. Quando o Homem de cima está completo, o homem de baixo também o está. Jeová é o lado masculino, e Elohim, o lado feminino. Para fazer o homem à imagem de Deus, houve a necessidade de fazê-lo macho e fêmea. *Yod* designa o macho; *He*, a fêmea; *Vau* é o produto de ambos. É por isso que as Escrituras dizem: "Criou-os macho e fêmea, bendisse-os e deu-lhes o nome de homem". "Adão" quer dizer deu-lhes o nome do "Homem" sentado sobre o trono celeste e do qual recebeu a forma, como está escrito: "E por cima do trono via-se algo semelhante a um homem".

IV

A beleza do rosto revela-se raramente. Algumas letras que compõem a face são visíveis; porém, outras restam ocultas aos seres de cima e de baixo. "E Deus disse: Que a terra produza seres viventes segundo sua espécie, os animais, os répteis etc." Mais adiante, as Escrituras dizem: "Irás em ajuda do homem e da besta, ó Senhor". O homem e a besta têm muito em comum; logo, o homem está compreendido na besta, e a besta, no homem. Quando "Adão" veio à terra, a Figura celeste tinha dois espíritos, um no lado direito, destinado ao homem, outro no lado esquerdo, destinado aos animais. Todavia, depois do pecado de Adão, o lado esquerdo estendeu-se tanto que penetrou no homem. Desse modo, apareceu um excedente de espírito do lado direito, que não pode mais achar corpos de homens para penetrar, tendo o outro espírito tomado seu lugar. Daí é que se tira a origem dessa mistura de espíritos, engendradora de monstros. Ainda que as 22 letras escondidas no alto sejam visíveis de baixo. Existe igualmente uma *Yod* velada, da mesma forma que uma *Yod* visível. A *Vau* que se assemelha ao fiel de uma balança mantém-nos em equilíbrio. A *Yod* designa tão somente o Princípio masculino. A *He* designa o Princípio feminino. Da união da *Yod* com a *He* saiu a *Vau*. É por essa razão que as Escrituras dizem: "Os filhos de Deus, vendo que as filhas dos homens eram formosas etc." (cf. *Livro de Enoque*). O final "filhas dos homens" designa o demônio, como está escrito: "Duas mulheres prostituídas apresentaram-se diante do Rei" (Reis, III, iii, 16). Os anjos, aos quais se referem as Escrituras, tendo visto a união suprema inferior entre macho e fêmea, quiseram imitá-la e uniram-se à mulher prostituída pelo demônio. Entraram, assim, em decadência e perderam a posição hierárquica que ocupavam anteriormente.

V

"Desgraça sobre a nação pecadora, ao povo carregado de iniquidades, à raça corrompida, aos filhos delinquentes. Abandonaram Jehovah, blasfemaram contra o Santo de Israel, regrediram." O nome *Jehovah* designa os sete graus, decompondo-se assim: *Yod, he, veh, hi, vau, hoi, hah*. *Vau* está representada pelo homem, composto de macho e fêmea. A *Vau* abandona o homem quando ele é delinquente. O Gênese começa com as palavras "Bereshit baro..." A primeira palavra está completa; a segunda é composta de letras formando somente a metade da primeira. A primeira designa o Pai, e a segunda, o Filho, ora escondido, ora visível. O Éden de cima está escondido, enquanto que o Éden inferior é entrevisto; descobrem-se *Jehovah*, *Jah*, *Elohim*. A palavra *Eth* designa a união do lado direito com o lado esquerdo, *Adonai* com *Ehieh*. Depois da união do céu e a terra, Deus disse: "Que o firmamento se estenda em meio das águas para separar o 'Santo' do 'Santo dos Santos'." O Ancião dos dias estendeu-se para entrar em contato com seres humildes e modestos; a boca apenas ousa pronunciar essas coisas sublimes; engalanou-se com coroas modestas formadas por cinco classes de águas, pois está escrito: "E lançará sobre ela água vivificante" (Números, 19, 17). Logo, Deus vivifica. E Deus disse: "Meu espírito não morará sempre com o homem, porque este é de carne". Essas palavras foram pronunciadas pelo Ancião dos dias. A palavra *Jadon* significa disputar; o versículo citado tem, portanto, o significado de: Meu Espírito não estará em desacordo com o "Homem" de cima, pois é este que derrama meu Espírito para baixo, pelas duas cavidades anteriormente referidas.

As Escrituras acrescentam: "E seus dias serão de cento e vinte anos". A *Yod* não possui valor numérico fixo; ora designa cem, ora tem o valor de dez mil anos. É por isso que as Escrituras dizem que o rio do Jardim do Éden se divide em quatro canais. Essa divisão foi feita durante a queda dos anjos, porém não se renovou até a chegada de Josué. Os anjos caídos não reapareceram até a vinda de Salomão, que, graças à sabedoria, podia obter vantagens. Caíram em desgraça, porém ainda estão divididos em reinos distintos. Movem-se contínuas guerras, bem como aos reis da terra. Treze de seus reis guerreiam com outros sete reis. Uma árvore olorosa cresce no meio de seus reinos, e os pássaros povoam seus ramos. Uma serpente está enroscada em redor do tronco dessa árvore, tendo a cauda na boca. A *He* paragógica da palavra *Capekhah* designa a trombeta de Jobel, porque Jobel é o símbolo de *He*: e, quando *He* for visível para todos, Jehovah e Elohim serão Um, pois está escrito: "E o Senhor será único neste dia" (Isaías, 2, 17).

Fim dos mistérios ocultos concernentes ao Rei, contidos no *Siphra Dzeniûta*. Bem-aventurado aquele que puder penetrá-los e conhecer seus sendeiros e caminhos!

Impresso por :

gráfica e editora

Tel.:11 2769-9056